教師のための
カウンセリング
ワークブック

COUNSELING
WORKBOOK

Kanno Jun
菅野 純 著

金子書房

はじめに

　いま，教師として，「自分はいったい何をやっているのか」といった思いにとらわれることはないでしょうか。

　教科書をはるかに上回る知識を塾などで詰め込まれた子どもたちは，学校をストレス発散の場とし，授業をくつろぎの時間にしようと画策します。学校での問題を保護者に伝えると「家ではいい子です」「その程度のことで」「うちの子ばかりが悪いのですか」といった応えが返ってきます。一方で，家庭で食事も十分与えられず勉強どころではない気持ちで授業時間を過ごしている子どももいます。担任であるあなたを独り占めしようと常に気を引く行動をしたりトラブルを起こす子もいるでしょう。LD（学習障害），ADHD（注意欠陥・多動性障害）といったこれまで聞いたこともなかった問題をもつ子どもも増えています。子どもへの指導やしつけをめぐって保護者との価値観のギャップを感じられることも少なくないのではないでしょうか。

　一日を振り返り，今日も子どもたちはざわざわし，自分はバタバタ走り回っていただけ——ということはありませんか。現代ほど教師にとって職業的アイデンティティが危機にさらされている時代はありません。

　学校教育がいまよりずっと尊重され，子どもたちにとっても学校に来ることが家にいるよりも楽しく刺激にあふれていて，保護者も教師に感謝の気持ちを抱いていた時代には，どんなに身体的には大変でも，教師という仕事に充実感と誇りを感じた教師が大勢いたことと思います。教師の心には現代よりずっとゆとりがあったのではないでしょうか。心にゆとりがあれば，人間は長所が出やすくなり，さらに評価されたり人間関係がよくなったりして，そこにプラスの循環が生じてきます。

　この本は，教師が学校カウンセリングの考え方や技法を身につけることで，そうしたゆとりを生み出せるように書かれています。教師の心にゆとりを生み出すには，

①いまクラスで何が生じているのか状況を把握する
②一人ひとりの子どもの心を的確に理解する
③クラス全体と個々の子どもへはたらきかけるノウハウを持つ
④必要に応じて保護者へ適切にはたらきかける
⑤地域の教育資源を活かす
⑥問題に行き詰まったときなど，一緒に考えてくれたりアドバイスをしてくれたりする仲間を持つ
⑦管理職をはじめ養護教諭，スクールカウンセラーなどと気軽に連携する
⑧自らの子育てや家族の問題にそれなりに対処する

などが必要です。

　学校カウンセリングのさまざまな知恵が，これらの問題に解決法を提供してくれると思います。

　ただカウンセリングについて既成の知識を学ぶのではなく，まずあなた自身がご自分の経験や研鑽から考えたことを整理してみることです。あなたなりに得たことを私の「回答」と照らし合わせながら，さらに問題に向かって進むよう本書では工夫してあります。

　あなたとの「出会い」を楽しみにしています。

菅　野　　純

目　次

はじめに

本書の活用法

Ⅰ　子どもの心を見る・心にかかわる……………………… 7
　1　わかりにくい行動・見えにくい心　8
　2　夢の〈ことば〉　16
　◆コラム1　少年の荒野　24

Ⅱ　学級経営に生きるカウンセリング・テクニック……… 25
　3　こころとかかわる小さな技法　26
　4　親面談のコツ　34
　5　父親にどうはたらきかけるか　42
　6　指導に活かすソーシャルスキル・トレーニング　50
　7　集団式知能テストを活用する　58
　◆コラム2　追憶・思春期前期　66

Ⅲ　気になる子・困った子へのかかわり方………………… 67
　8　無気力な子　68
　9　学校でしゃべらない子　76
　10　盗みをする子　84
　11　落ち着かない子　92
　12　LDの子への指導　100
　◆コラム3　たくさんの「もし～」　108

Ⅳ　学級崩壊を防ぐ………………………………………… 109
　13　衝動的な行動を理解する　110
　14　反抗的な子どもへのかかわり　118
　15　二者関係を求める子どもたち　126
　◆コラム4　「歩み寄る」努力も　134

V 不登校に取り組む ……………………………………… 135
  16 不登校への早期対応　136
  17 長びく不登校への対応　144
  ◆コラム5　夢から現実へ　152

VI いじめへの指導的介入 ………………………………… 153
  18 いじめの生じやすいクラス・生じにくいクラス　154
  19 いたずら・いじわる・いじめの境界　162
  20 いじめを発見したとき　170
  21 強いこころを育てるために　178
  ◆コラム6　痛みと思いやり　186

VII 教師として，資質を高める …………………………… 187
  22 こころにゆとりを生み出す方法　188
  23 よりよい同僚関係を求めて　196
  24 教師がわが子と向き合うとき　204

補講　子どもの社会的能力を育てるには ……………………… 213
　　あとがきにかえて

本文イラスト・高橋　正

―― **本書の活用法** ――

　各章は次のような構成になっています。
1　**問題提起**：私なりにそのテーマについて最近感じていること，考えたことなどを記し，問題提起をしています。
2　**問題**：基本となることについて問題集形式であなたに問いかけます。まずあなたなりに"素手"で答えを考えてみてください。
3　**回答**：私なりの回答を示します。本来，教育にもカウンセリングにも「正解」はないのですが，参考にしていただきたい回答という意味です。
4　**応用**：そのテーマについてさらに問題を展開し，新たな事例や留意点をあげて説明してあります。
5　**まとめ**：より広い視点からはその問題はどのようにとらえられるか，問題の本質は何か，などがまとめてあります。
6　**Attention !**：テーマに関するミニ知識を紹介しています。
7　**Final Check**：その章の要点をコンパクトに記してあります。チェック用に便利です。

　　　　　　◇**本書の活用例を紹介しましょう**◇

(1) 学校カウンセリングの自学自習のために
　学校カウンセリングのもののとらえ方や考え方，カウンセリングを活かした児童へのかかわり方などを，具体例をもとに学ぶことができます。ワークブック形式なので，ご自分の実践にもとづいたあなたなりの考えを整理し，さらにそれを私という他者の考えと比較・検討することで，あなたの独自の見解や方法を確立していくことができるでしょう。

(2) グループでの研修用として
　何人かのグループで本書を使って研修していくことも可能でしょう。
　まず各自が問題の回答を出します。それから本書の回答例を参考にみんなでディスカッションするのもよいでしょう。

(3) 受験参考書として
　大学院や心理専門職の受験のために，またカウンセラー関係の資格取得のために，教育管理職をめざして受験勉強中のあなたに，自学自習用に作られた本書は強力な味方となるはずです。

I

子どもの心を見る・心にかかわる

Ⅰ　子どもの心を見る・心にかかわる

・1・
わかりにくい行動・見えにくい心

何を考えているかわからない。——そう感じることはありませんか。わかりにくさの背後に何があるのでしょうか。

　［不可解な出来事］　小学５年生の男子。休み時間にふざけ半分に友だちの鉛筆を３階の窓から投げる。続いてペンケースを。はじめはいつものいたずらと思ってはやしたてていた何人かの子も，ノート，教科書，体育着……と，どんどんエスカレートしていく彼のただならぬ雰囲気に黙ってしまう。「やめてくれよ」という持ち主の声がまったく耳に入らぬかのように彼は淡々と投げ続け，座布団，椅子，そして机まで窓から投げ捨ててしまった。幸い階下には誰もいなかったために大事故にはつながらなかったが，問題はなぜ彼がそんなことをしたのかである。教室にあった所有物すべてを窓から放られた子と仲が悪いわけではない。むしろいつもつるんで悪さをする仲間といってよい。担任教師が問いただしても悪びれるところがない。「いいんだ，あれで」など意味不明なことを言う。「何だか人間と話をしている感じがしない」——そんなふうにさえ担任は思った。言葉が彼の心に届いている感じがしないのである。

　［わかりにくい行動，見えにくい心］　子どもの心が見えにくくなった——そう感じることはありませんか。なぜこんなことをするのだろう。何を考えているのだろうと一生懸命子どもの立場になって考えてみても，子どもの行動の意味や原因がよくわからないのです。自分がその子の立場だったらこう思いこうふるまう，あるいは子どもの頃の自分だったらこうしていた，自分がこれまでかかわってきた多くの子どもの場合はこうだった，というこれまで自分が蓄積してきた児童理解のためのノウハウが生かされないのです。

●問題●

　子どもは大人と異なり自分の心を言葉で表現する力が未熟です。また親子関係や家庭環境に問題を持つ子どもほど，自分の気持ちを言葉で素直に表現する経験が乏しいものです。問題を持つ子どもほど，わかりにくい表現になり心は見えにくくなるでしょう。あなたは，子どもたちの次のような行動の背後に，どんな心が隠れていると思いますか。

　児童1（小6女子）：何か先生に言いかけるがすぐに「何でもない」と引っ込めてしまう。さらに問いかけても「べつに」「忘れた」などと，とりつくしまのない返事をする。

　児童2（小5男子）：注意されてもそのときだけしゅんとするだけで，すぐケロっとして3分ともたない。

　児童3（小3男子）：授業中トイレに行ったまま戻ってこない。探しにいくと掃除用具入れや楽器棚などに隠れており，にこにこして出てくる。悪いことをしているという自覚がまるでない。

　児童4（小2女子）：絵を描きたくない，ハサミで切れない，などとヒステリックに大泣きする。そのときで原因が違うが何に苦しんでいるのかわからない。他児ともしょっちゅうトラブルを起こす。

TRY　回答を書き込んでみよう

○回答○

まず，私なりに回答してみましょう。

児童1「先生，私のことも心配して。本当は話したいこといっぱいあるの。やさしく聞いて」

「可愛くない」子

何か言いかけてはやめる。ちらっと気になるような言い方をするが最後まで言わない。こんな表現をする子どもをあなたはどう思いますか。「素直でない」「可愛くない」と否定的な感情を持ちがちになるのではないでしょうか。「いちいち相手していられない」「勝手にしたら」といった態度になってしまうかもしれません。その子にかかわる多くの人がこれまでそんな反応をしてきたために，その子の「可愛らしくなさ」がどんどん引き出されてしまったのかもしれません。

言葉のかけら

親は忙しそうで話を聞いてくれそうになかった，「いつまでそんなことしゃべっているの」と叱られた，最後まで丁寧に自分の話を聞いてもらえたためしがない，といった体験を積み重ねた子どもはどうするでしょうか。この子のように言葉のかけらだけをちょっと話してみて，あとは自分が傷つかないように自分から話を終息してしまうという行動を取るかもしれません。あるいは相手の気持ちを自分に引き付けるために気になるような言葉を投げかけ，相手が本当に自分に関心を持ち，自分とかかわろうとしているのかをさり気なくうかがおうとするかもしれません。

ここでその子のそうした不幸な流れを変えてやりたいものです。あなたはもう少し違ったかかわりをしてみませんか。

回りくどい方法をとらなくて大丈夫と伝える

こうした気持ちを感じたら，そんな回りくどい方法をとらなくとも，先生はあなたのことを大事に思っているし，いつでもあなたの心を受けとめるからね，ということを伝えたいものです。

児童2「僕は，こうして気持ちを素早く切り替えて生きてきたんだよ」

　子どものどのような行動も，そうせざるをえない何かがあるのかもしれない，ととらえてみましょう。ケロっとする子は，これまで気持ちを素早く切り替えざるをえない状況をたくさん体験してきているのかもしれません。「困っていても誰も助けてくれない」「悲しくても誰かが慰めてくれるわけではない」……そんなときには自分で気持ちを切り替えるほかありません。その子があなたとのかかわりの中で，以前よりは涙を流したり，悲しみの感情を表現するようになったりすることが，情緒の豊かさの獲得の指標となるのではないでしょうか。

気持ちの切り替えを身につける子

情緒を取り戻す

児童3「僕だけの先生でいてね」

　結果的に先生は他児をおいてその子を探しにいかねばなりません。教室では1対36といった関係ですが，こうすると先生と二人だけ，一対一の関係になります。本当はもっと幼い頃に「二者関係」という大人と一対一の親密な関係をしっかり形成すべきなのですが，形成不十分のまま集団生活に入る子どもが多くなりました。親にも理解を求め，足りない分を補う必要があります。その他，家庭内に不安などが背景にある場合もあります。クラスの残りの子どもたちがハングリー

二者関係を求める

Attention!　手のかかる子

　手のかかる子がどのような〈ことば〉を持っているのかは，簡単な「翻訳」をしてみるとよくわかる。「手のかかる子＝手をかけて欲しい」と言っているのである。「気になる行動をする子＝気にして欲しい」「目立ちたがり屋の子＝目をかけて欲しい」と言っているというように，子どもの問題行動の中に〈ことば〉が隠れていることが多い。その問題を起こすことでその子は何を得したかがヒントになるのである。

クラスのバランス	にならないよう他児とのバランスをよく考慮に入れてかかわる必要があります。

児童4「何か,不安でたまらない。助けて」

不安の表現	家庭でその子の心を不安にさせる出来事(家庭不和,きょうだい比較など)が生じているのかもしれません。親と直接面談して事情を把握することがまず第一です。心をどう表現してよいか混乱しているようです。絵画のように自由度が高い方法で表現させる場合もありますが,描き手である子ども本人の心にも強い影響を与えることもあります。こうした場合は,交換日記などのように文章による表現が適切かもしれません。

□応用□ 類似ケース

	さて冒頭の小学5年生,男子のケースにもどってみましょう。一見すると不可解な彼の行動の背後にあるのはどのような心なのでしょうか。こうした場合,目の前に生じた出来事
表面的行動にとらわれない	にとらわれてしまい,その子を多面的に理解することや少し距離をおいて出来事を見つめてみる心のゆとりを失いがちになります。まず気持ちを整理するために同僚や親しい人にことのあらましを話してみてはどうでしょうか。ノートに事実
理解の方法	を記してみるのもよいでしょう。それからその子について情報を集めてみます。①その子に直接事情を聞く,②周囲の子に事情を聞く,③保護者から事情を聞く,④間接的な情報を集める,などの方法があります。④では自分がこれまで気になったことや他教師が語っていたことなどを思い出してみます。答案,作文,絵画といった手元にある資料を綴ってみるとよいでしょう。

　この男子の担任教師は彼が度を越すいたずらをしたとき,「お母さんに知らせるわよ」と言うと猛然と食ってかかるこ

カギとなる言葉

とを思い出しました。今回もそうでした。学校での出来事を電話で知らせたことを知った彼は翌日たいそうな剣幕で反抗したのです。「なんでだよ。お母さんは関係ないじゃないか！」。友だちへ悪さをしたときにはまったく無表情でうそぶく彼が、お母さんのことになると血も涙も取り戻し、必死になって母親を守ろうとする——こう気づいた担任は彼と二人だけの時間を作り、さりげなく彼にこう言ったのです。「〇〇君はお母さん思いだね。お母さん君のこと頼りにしているでしょう。やさしいから」。するといつもの彼とは違っ

関係の流れを変える

た言葉が返ってきました。「お父さん帰ってくるときは、気を使う。僕がお母さんを守ってやるんだ」。

「そう〇〇君は、偉いんだ」と言って、それ以上尋ねませんでした。後日母親と面談したときに、2～3週に一回単身赴任先から帰宅する父親が母親への暴力をふるうこと、彼は父親の機嫌を損なうまいと掃除をしたり大変な気の使いようをしていることなどが語られました。学校での無表情の彼は気を使い果たして脱け殻状態だったのかもしれません。彼の一見混乱した不可解な行動は、そういう彼がもう限界にきていたことを訴えていたのかもしれません。いずれにしても、

深い家庭の問題

不可解で困った行動をする子から、家庭で心をすり減らす気の毒な、かわいそうな子だと認識が改まることで、指導の手

Attention!　まきこまれてしまう心

小学生といえども大人の心に強い影響を与えることがある。とくに子どもの言動がこちらの心をひどく傷つけるものであったり、保護者とも敵対関係になってしまったりすると、無力感や孤独感、空虚感などにとらわれがちになってしまう。またあまりにも子どもの行動が不可解であったりすると、自分の心の基準が揺らぎだし不安定な気持ちになることもある。こんなとき何でも語り合え、支え合える仲間がぜひとも必要である。

がかりも得られ，担任としてずいぶんかかわりやすくなったそうです。

◇まとめ◇　このように考えよう

自分の心を素直なわかりやすい言葉で表現できない子どもは，以下の四つの「言葉にならない〈ことば〉」で訴えます。
(1)うまく言えない〈ことば〉（事例：児童1）
(2)行動で訴える〈ことば〉（事例：児童2と3と4）
(3)身体で訴える〈ことば〉
(4)夢の〈ことば〉

身体で訴える〈ことば〉とは，頭痛，腹痛，関節痛，身体のコリなど，心因性の身体症状で出てしまうものです。行儀がよい，ルールをしっかり守るといった行動上の問題の少ない子に多く出現します。最近では原因不明の発熱「不明熱」なども小学生でよく見られます。

こうした心因性の症状が見られる子どもの場合，親も子ども本人も「体の問題」と思い込み，心に負担になっているストレスや息切れかかっている心になかなか目を向けようとしないことが多いものです。結果的に身体的原因を探して病院回りを重ねたりして心への対応が遅れがちになります。そんなとき，担任としてはどのように助言したらよいでしょうか。

「心の問題だと思います」と断言すべきではありません。心因性か否かの最終的な診断はお医者さんにまかせるべきです。身体の問題だと親子ともに思っているときには，何よりもその子の身体をいたわることが大事です（私たち日本人は，身体をいたわることで心をいたわるという文化をもっているのではないでしょうか）。「心因性」と診断が出た時点で，①塾通いなどによるオーバーワークでその子の生活に無理がかかっていないか，②学校や家庭で我慢しすぎてはいないか，などを見直すことを親子とともにはじめてはどうでしょうか。

一般に身体に出るタイプの子どもは，心が大人で単純ではありません。プライドも高いことが多いようです。これらに配慮しながらかかわる必要があります。身体ではなく表情や言葉や行動に子どもらしさや大人に対する甘え，そし

て反抗的な心や批判的な心があらわれることがその子の回復と変容の指標といえるでしょう。

＊　　＊　　＊

「わかりにくさ」「見えにくさ」そのものが私たちに何かを訴えているのです。「簡単に言えないほど，大変な問題をかかえているんだよ」——そんな子どもたちの声が聞こえてきませんか。

参考文献
菅野純『子どもの見える行動・見えない行動』瀝々社，1990
菅野純『心の声，聞こえていますか』瀝々社，1992
福島脩美・松村茂治『子どもの臨床指導』金子書房，1982

Final Check

□心に問題をかかえる子どもほど，その行動はわかりにくくなる。
□わかりにくい行動や困った行動の中に，その子の切実な心が隠れていることが多い。
□うまく言葉で表現できなかった心は，①うまく言えない〈ことば〉，②行動で訴える〈ことば〉，③身体で訴える〈ことば〉，④夢の〈ことば〉として表現される。
□問題が生じたとき，立ち止まり，情報を集め，整理していくことで，わかりにくい行動の解読の手がかりが得られる。
□子どもの資質や問題に応じた心の回復，変容の指標がある。

I　子どもの心を見る・心にかかわる

・2・
夢の〈ことば〉

授業中夢の世界にひたっている子はいませんか。絵や作文などに表れる悪夢。そうした"夢"の意味を考えます。

　[夢の世界での犯行]　神戸で小学生を殺傷した少年の供述書を読むと，まるで少年が夢の世界に生きているように思えてきます。彼が語ることの9割は，自分の心の中の空想の世界と，そのイメージにもとづいた犯行の詳細です。残りの1割，現実生活についてはほとんど覚えていないのです。たとえば殺した男の子の首を家に持ち帰った日，中学の先生が不登校中の彼を訪ねて話をしているのですが，「覚えていません」と答えています。供述では，近所の女の子を殺傷してから男子殺害についてあの犯行声明文を出すまでの2か月間が語られるのですが，一緒に暮らしていた家族とのかかわりや級友や教師とのかかわりが，まるでなかったかのように語られません。わずかに語られる現実はひどく漠然としているのです。ちょうど私たちが夜にみた夢を語るとき，誰かと話したのだがその誰かが思い出せない，何を話したかは覚えていない，といった曖昧さにとらわれるように。少年にとっては，夢と現実が逆転し，夢の世界が現実をはるかにしのいで大きく膨らんでしまったのではないでしょうか。

　[教室の中の〈夢に生きる子〉]　この少年の場合はさまざまな要因が重なり，不幸な形で事件化してしまいましたが，あなたの教室に似たような問題を感じる子どもはいませんか。いつも眠たそうな子がいます。夢のように語る子もいます。空想の世界は豊かだが現実の人間関係が貧しい子がいます。また悪夢や夜驚といった問題で親が心配している子もいます。昼夜逆転して生活している子もいます。そうした夢にまつわる問題を考えてみましょう。

●問題●

あなたのクラスにこんな子がいたときに，あなたなら，①その子の問題を正しく把握するために何を行い，②その子の問題をどのようにとらえ，③指導上どのような点に配慮していきますか？

【授業中，空想世界に入ってしまう】 A君（小学5年生）はときどき授業中に別世界に行ってしまう。たとえばこんな具合だ。2時間目，社会の授業。明治維新の話を先生がしている。A君は，じっとしているのははじめだけ，しだいに身体をもぞもぞしながら発言する友だちの方を見たりしている。そのうち，左の上履きを脱いだかと思うと，それを右手で目の高さまで持ち上げじっと眺めだした（後から考えると，別世界へ飛びたつためのウォーミングアップをしていたのかもしれない）。やがて彼の手の中で上履きはロケットに変身する。「ウウウーン」と爆音を発しながらゆっくりと垂直に発射される。それから宙返りをしたり蛇行したりしながら（実際は彼が手でいろいろ動かしているのだが）"宇宙空間"を自在に飛び回る。A君はしっかり別世界に入っているのだが，クラスメートたちはいつものことなのかで驚かない。しばらく宇宙旅行を楽しんだ後，先生が「A君，ちゃんと聞いていなさい」と注意すると，ちょっと照れた顔をして形ばかり教科書を手にする。

TRY 回答を書き込んでみよう

(1) A君の行動を理解するための方法

(2) 予想されるA君の問題

(3) 指導上の配慮

○回答○

(1) A君の行動を理解するための方法

　学級担任の立場でA君の行動を理解するためには次のような方法が考えられます。

　①問題となる行動についてA君と率直に話し合ってみる。「何を空想しているのか？」「どんなときにやりたくなるのか？」「やっているときにどんな気分か？」「どうすればやめられるのか？」。責めないで聞くことがコツです。

　②保護者と面談する。「家庭でも同様の行動が見られるか？」「(もし同様のことが見られる場合には)これまでどのように対処してきたか？」「思い当たる原因は？」「その他に気になる行動は？」「友だち関係など、生育歴上問題となることはなかったか？」などの情報を得ます。一緒にA君を見守っていきましょう、という姿勢が大事です。

<small>保護者との面談で留意すべきこと</small>

　③専科の先生や養護教諭など、担任以外の目から見たA君について情報や意見を求める。

　④答案、作文、絵画、その他の制作物などを検討してみる。

<small>その他の行動や表現を調べる</small>

　⑤休み時間、清掃時間、放課後、登下校時、地域で、など教室以外のA君の行動について情報を得る。

　⑥教育相談所などの、専門機関に依頼し、心理テストなどによって調べてもらう。

(2) 予想されるA君の問題

　①A君との話し合いでは、はじめ叱られるものとばかり思っていたA君は黙秘作戦に出たのですが、叱られるのではないとわかってからはポツリポツリと話してくれました。ドラえもんが大好きなA君は、現実の世界を越えて宇宙や過去の世界などを行き来するドラえもんたちがうらやましくてたまりませんでした。授業中苦手な科目のときなど、ドラえもん

<small>現実の世界から異次元の世界へ</small>

のことをいろいろ考えているうちに，自分もドラえもんたちと一緒に四次元の世界を旅したりする気持ちになってしまうそうです。

　②お母さんとの話し合いでは，家でもドラえもんのビデオを何度も何度も見るため，ビデオテープが切れて何回もダビングしたとのことでした。最初の子どもが乳児期に病死したため，その後生まれたA君をお母さんは「また病死するのではないか」という不安からずいぶん過保護に育てたようです。外遊びをさせず，厚着をさせ，食物に気をつけ，いつもお母さんと一緒の行動でした。二年保育で入った幼稚園は中途で退園しています。子ども集団にどうしてもなじめず，母子分離ができなかったことと，お母さんの不安が原因のようでした。A君のお父さんもお母さんも，人付き合いの苦手な非社交的なタイプの人でした。社会的モデルもなく，社会的経験も少ないA君は，一人遊びしか知らず，いつしかドラえもんに夢中になっていきます。小学生になっても事情は変わらず，描く絵はドラえもんのみ，作文にもドラえもんが登場し現実と空想が入り交じり，家で一人遊びをするときは，ドラえもんとのび太の声色をまねながら一人二役で何時間でも

生育歴上の問題

環境上の問題

Attention!　うそと願望

　子どものうそはさまざまな背景を持っているが，切ない願いがうそになってしまう場合がある。

　たとえば母親が蒸発している家庭の子が遠足のとき，「朝早くお母さんがお弁当作ってくれたの」と身ぶり手ぶりを交えて一生懸命友だちに話していた。しかし誰が見てもその子のお弁当は子どもの手によるものだった。母親が戻ったという事実もなかった。

　「お母さんに，お弁当を作って欲しい」という願望がうそという形であらわれたのである。こうしたうそに対しては，たんに道徳的意味合いからでなく，その背後にある願いが何なのかをとらえたうえでかかわりたいものである。

遊んでいるそうです。

(3) 指導上の配慮

　A君の問題行動の原因としてまず第一に考えられるのは，非社会的環境での生育，母親の情緒不安による過保護，社会的モデルの欠如といった環境的または心理的原因です。しかし行動上の広がりが見られず，こだわりだけが強まっていく発達プロセスや白日夢的行動を考えると，軽度の知的発達遅滞，LD（学習障害），てんかんなど何らかの器質的障害も考慮に入れて考える必要があります。専門機関での受診を親にアドバイスしてみるとよいでしょう。このとき，親が「障害児とレッテルを貼られた」「先生から見捨てられた」と感じないよう配慮しなければなりません。「これからA君がより成長するために，学校とは異なる立場の専門家のアドバイスを受けてみませんか」と，あくまでA君中心に話をすすめます。A君の別世界への没入に対しては早めに現実に戻した方がよいでしょう。現実世界では意識を覚醒して過ごすことを実際にいっぱい体験させるのです。彼が空想の世界に入りそうなときには，「どうかなA君！」など，明快に声をかけるとよいでしょう。

　ドラえもんをA君の空想の世界に存在させず，空想と現実とをつなぐ存在にするとよいと思います。つまりA君のドラえもんについての知識をみんなの前で発表させるなど，ドラえもんにA君が現実の教室に根付くための媒介役になってもらうのです。

　友だちとの付き合い方，遊び方などソーシャルスキルを教えていく必要もあります。親切な子を二人選び，A君にそうした付き合い方や遊び方を教え，みんなの中に誘うよう，頼んでおくことも一つの方法です。

　またA君のお母さんが孤立したり追い詰められぬよう，ク

※欄外注：
- 器質面も考慮に入れる
- 専門機関を紹介する際に
- 早めに現実に戻す
- 空想から現実へ
- ソーシャルスキル
- 親をサポートする

ラスの親たちの理解と協力を求めることもA君の成長を間接的に支えることになります。

□応用□　類似ケース

　　小学2年生の男子，B君。ときどき夕方，駅前の駐輪場から子ども用自転車を盗み，何十キロも離れた町めざして漕ぎだす。たいてい保護されるのは深夜である。教育相談所に連れて来られたB君は「せんせい，ぼくね，自転車を見ると，『あれに乗ってS市に行け』という声がどこからか聞こえてくるんだよ」と言う。4年前に母親が亡くなった後，彼はS市の祖母のもとに引き取られた。2年前に父親が再婚，現在の母親と三人の生活が始まったが，妹が生まれた頃よりB君は義母より疎まれはじめ，精神的虐待を受けていた。S市に住んでいた祖母は父親の再婚直前に亡くなっていた。いまは誰もいないS市めざして彼は深夜，自転車を漕いでいたのだ。八方ふさがりの現実に対して子どもは無力である。そんなとき，夢の世界へワープすることによって救われる子もいるのだ。

つらい現実

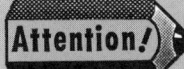

夢の世界へ
ワープ

Attention!　悪夢・夜驚・夢遊

　子どもは夢の中で強い恐怖に襲われてうめいたりして眠りから醒めることがある。これは「悪夢」とよばれている。
　また眠りに入ってから1〜2時間のあいだに，突然恐怖心にかられて起き上がり，叫んだり，走り回ったり，まわりの人にしがみついたりすることがある。「夜驚」である。
　夜中に突然起き上がっていろいろな動作をするのが「夢遊」である。
　不安，恐怖，愛情飢餓といった情緒面からのアプローチと，てんかんを含めた神経学的アプローチの両面から考えていくことが必要である。情緒的原因の場合には，目覚めているときにうまく表現できなかった心が夢の〈ことば〉としてあらわれている，ともいえるだろう。

◇まとめ◇　このように考えよう

　［現実と空想を行ったり来たりする存在］　子どもが好む玩具としてお面があります。たとえばウルトラマンのお面をかぶると，どんな弱々しい子どもでも急に変身し勇ましくふるまうようになります。お面をかぶることで，子どもは現実を越えることができるのです。つらいときにも，子どもは空想力で救われることがあります。お母さんにものすごく怒られたときなど，こんなふうに空想します。「この人は，私の本当のお母さんじゃないんだ。私の本当のお母さんはどこかにいて，とってもきれいで，やさしいの……」。あなたにもこんな思い出はありませんか。大人と比べて子どもには現実世界と空想世界との間の境界が強固ではないのです。必要に応じて二つの世界を行ったり来たりできるのが子どもの大きな特徴でもあります。

　［苛酷な現実からの脱出］　さらにこうした空想力や想像力に資質的に恵まれた子もいます。そうした子が健全で幸せな環境に育つならば，空想力や想像力は創造やオリジナリティ，豊かな発想，思いやり，共感など建設的に活用されることでしょう。しかし厳しい環境の下で育つ場合はどうでしょうか。孤独，孤立無援，激しい競争，不安定な家庭，厳しすぎる親の態度，愛情飢餓，虐待といった子どもの力では何ともしがたい状況に生きざるをえないときには，そうした資質は自分を守るために使われるようになるのです。①危機状況にあることを知らせる，②空想世界に緊急避難する，③空想世界の住人となる，といった形で。

　［夢の〈ことば〉］　こうした空想化による危機の表出を，私は夢の〈ことば〉とよんでいます。1で紹介した「言葉にならない〈ことば〉」の一つで，もっとも注意を要するものです。実際のあらわれとしては，小学生ではまず，Attention! で紹介した悪夢，夜驚，夢遊といった実際の睡眠上の問題としてあらわれることがあります。現実の世界では救いを求められないことでも，夢の世界では叫んだり，逃げたりして表現できるということでしょうか。

　夢の世界はまた絵画やオブジェ，箱庭作品などにあらわれやすいものです。神戸事件の少年は小学 6 年生のとき，工作クラブでカッターナイフを何十本も

使って針鼠のような、あるいは万能手裏剣のような不思議なオブジェを作り、担任の先生が本人と両親を呼び出し注意し、廃棄処分にしています。少年は何と戦っていたのでしょうか。

［夢の世界の住人］　子どもの心が空想世界に占領され、現実世界はほんの少しになってしまう子もいます。問題行動としては白日夢（覚醒時に夢を見ている状態になること）、虚言（うそ）、不登校、家出などとしてあらわれます。表面上は普通の生活をしながら、誰も知らない夢の世界では"戦闘準備"していたり、"敵"と戦っていたりする子もいます。また子どもの中には、「あの子は鳥になってしまったのではないか」と思うような死に方をしてしまう子どももいます。まるで小さな鳥が空に吸い込まれていくようにこの世界から消えてしまうのです。

［現実からのはたらきかけ］　子どもが夢の〈ことば〉を発している、と感じたら現実からはたらきかけることが大切です。しかし、現実からのはたらきかけが実るためには現実が子どもにとってよいものでなければなりません。子どもにとっての現実をよいものにすることが、私たち大人の課題なのです。

参考文献
依田新監修『新・教育心理学事典』金子書房，1979

Final Check

- □ 空想力に恵まれた子が心の危機を訴えるときに、夢の〈ことば〉を使うことがある。
- □ 夢の〈ことば〉としては、悪夢など実際の睡眠上の問題から白日夢、授業逸脱、虚言、など幅広くある。不登校などの問題に発展することもある。
- □ 夢から現実に戻していく。その子に合った現実の受け皿が用意されることが不可欠である。

コラム1

■少年の荒野■

　小学5年生のとき，初めて人を殴った。クラスの仲間と昼休み校庭で野球をしていたとき，サッカーをしていた6年生のグループがなだれ込んできた。彼らはそのままボールをけり続けた。「出て行け！」と怒鳴ると，6年生の一人が私に向かって来た。口ゲンカからつかみ合いが始まり，相手が私に殴りかかろうとしたとき，機転をきかした一人の同級生が彼を後ろからはがいじめにした。私は相手が泣き出すまで殴り続けた。

　翌日，一つ年上の姉が泣いて学校から帰ってきた。私が殴ったのは，姉の同級生だったのだ。幾日かたって，私は姉をいじめた別の6年生二人を思いきりたたきのめした。

　私の中にすぐに激昂するもう一人の自分がいた。普段はクラスの委員長として「いい子」をやりながら，ときどきすさんだ荒々しい自分が突出した。

　6年生になって上級生という当面の敵がいなくなった分だけ，私のすさみは空想化していった。「大人になったらやくざになろう。表の世界ではなく，裏の世界で生きよう」──ひそかにそう思い続けてきたことを思い出す。

　こんな自分の少年時代を思い出すのは，最近かかわるカウンセリングケースに小学5，6年生の男の子が多いためである。「ハツカネズミをアパートの8階から投げた」「僕は生まれなきゃよかった，と言って自分の首を絞める」「ランドセルをつかんで友だちを突然引っ張り倒す」「相手に考えられないような残酷な仕打ちをする」など。

　「一見するとおとなしい普通の子」だった神戸事件のA少年が，カッターナイフの刃を何十本もセロテープで張りつけた不気味な工作物を作ったり，手裏剣や鉛筆を軸にした矢といった"武器"を作り，先生から注意されるのもこの時期である。

　この時期，人知れず，心の奥深くから噴き出してくる攻撃衝動を御しかねていたり，いつも何物かと架空の戦いをしていたり，悪魔のように邪悪になっていく自分におののいていたりする子どもがいるのではないだろうか。

　私自身も当時，「いい子」の仮面の下で，帰宅後は独り"改造けん銃"づくりに熱中する少年だった。

II 学級経営に生きるカウンセリング・テクニック

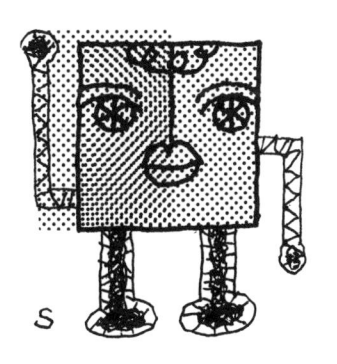

Ⅱ 学級経営に生きるカウンセリング・テクニック

•3•
こころとかかわる小さな技法

緊張や不安などのためにうまく話せない子どもや保護者とどうかかわりますか。言葉の工夫を考えてみましょう。

　A子が不登校をはじめてから2年がたちました。この間，A子は気持ちばかりが空回りし，体調が崩れ，落ち込む，そんな繰り返しでした。私はカウンセラーとしてそんなA子を見守るほかありませんでした。それでもこの半年，A子が少しずつ自分のペースを取り戻しはじめていることを感じていました。

　3月になり，担任の先生からは卒業式だけでも登校できないかという誘いがあったのですがA子は断ったそうです。すると，校長先生から私のところへこんな連絡が入りました。「何とか，A子に直接卒業証書を手渡したい。先生からも話してもらえないか」と。

　カウンセリングにやってきたA子に，私は校長先生の言葉を伝えました。すると意外にもA子は承諾したのです。ただしカウンセリングルームでなら，という条件付きでした。

　その日，A子がいつもの何倍も緊張していることがよくわかりました。体を固くしてちぢこまって椅子に座っています。校長先生が入ってきても顔をあげませんでした。校長先生はゆったりとした口調でA子に語りかけました。「A子さん，校長先生は，A子さんが学校を休んでいる間，もう一つの学校生活を送っていたと思っています。そこで誰よりもよく考え，努力して，一生懸命やってきたことをわかっているよ。だからこの卒業証書をあげるのです」と。A子の顔がみるみる間に赤くなり，口元が少しゆるむのを私は見ました。校長先生の言葉にA子はかすかにうなずいたのです。そしてA子のこころに投げかけた校長先生の言葉は，1年後，しっかり実を結んだのです。

●問題●

　言葉のかけ方やちょっとした配慮しだいで，子どもや保護者との関係が良くなることもあれば，悪くなることもあります。あなたは子どもや保護者とのより良いかかわりを作るためにどのような工夫をしていますか。

TRY　回答を書き込んでみよう

(1) 子どもを呼び出し一対一で大事な話をするとき
-
-
-
-

(2) 集団で子どもたちが文句を言ってきたとき
-
-
-

(3) 気になる子どもにさりげなくかかわるとき
-
-
-

(4) 保護者を呼び出して面談するとき
-
-
-

(5) 保護者が集団で苦情を言いにきたとき
-
-
-

○回答○

　　　　　　　　　　私なりに回答案を考えてみました。
　　　　　　　　(1) 子どもを呼び出し一対一で大事な話をするとき

「よく来たね」とい　　①つながる言葉かけ：呼び出された子どもはかまえている
う気持ちを伝える　　ことが多いので、「よく来た、よく来た」「待ってたよ」な
　　　　　　　　　ど、ゆったりと心をほぐすような言葉で迎える。
　　　　　　　　　　②呼び出し理由を率直に伝える：「専科の時間、○○先生
　　　　　　　　　から注意されたことについて、君の言い分も聞きたいと思っ
子どもにきちんと　　て来てもらったのだが」などと、はっきり呼び出しの意図を
向き合う　　　　　伝える。「なぜ呼ばれたかわかるか」といった出だしは、子
　　　　　　　　　どもの心を試すようで適切ではない。
　　　　　　　　　　③その子自身の考えを明確にしていく：その子自身はどの
　　　　　　　　　ように考えているか、これからどうしようと思っているか、
　　　　　　　　　など子どもの主体的な考えを引き出す。

「心配している」と　　④心配していることを伝える：その子の立場に立って考え
いう気持ちを伝え　　る。「君の本当の気持ちが伝わっていないのではないかと、
る　　　　　　　　ちょっと残念に思っているのだが」などと、その子へのこち
　　　　　　　　　らの思いを伝える。

ほっとする話題　　　⑤心がなじむ話題も：ほっとする話題もあってよい。その
　　　　　　　　　子の趣味の話、教師の方が教えてもらいたいことなどが本題
　　　　　　　　　が終わったあとに軽く入ると、次につながりやすい。
　　　　　　　　(2) 集団で子どもたちが文句を言ってきたとき

ひと呼吸　　　　　　①まずはひと呼吸おく：椅子に座ることをすすめる、みん
　　　　　　　　　なで輪になって話せるように椅子の配置作業を行うなど、子
　　　　　　　　　どもの心が興奮状態から少し和らぐように「間」をとる。

積極的傾聴　　　　　②積極的に耳を傾ける：途中でさえぎらずに、こちらから
　　　　　　　　　質問したりして積極的に聞いていく。
　　　　　　　　　　③反復する・メモをとる：しかと聞いたことを伝えるため

に，子どもたちの言い分を途中で反復したり，メモをとって聞いたりする。

冷静に　　④まきこまれない：一生懸命耳を傾けても，心はまきこまれずに冷静に判断しながら聞いていく。また言葉の表面にとらわれずに，本当に訴えたいことは何かに耳を澄ます。

(3) 気になる子どもにさりげなくかかわるとき

①周辺の話題：ストレートに問題に入らず，少し周辺の話題をしてから本題に入る。

さりげなく心のエネルギーを与えていく

②わかってもらえているという感じ：その子の大変さ，つらさ，訴えをしっかり受けとめていることを，何らかの方法（しっかり目を見る，うなずく，言葉にならない部分をこちらで言語化する，うまくまとまらない言葉を明確化する，など）で伝える。

③体を気づかう言葉：身体への気づかいを通じて，心を支える。

④見守る言葉：どこかで，いつも見守っていることを伝える。

(4) 保護者を呼び出して面談するとき

4「親面談のコツ」を参照してください。ここでは項目だ

Attention!

姿勢同型

面接の際，子どもや親の心にできるだけ近づくために相手と同じ姿勢をとることを，ノンバーバルコミュニケーションでは「姿勢同型」という。相手が萎縮してちぢこまっているとき，教師側が足を投げ出し，でんと座っていたら，教師の存在は遠くに感じられることだろう。こんなときには教師の方も同じように身体をちぢめるのである。話が展開するにつれて少しずつこちらから身体を開いていく。もしお互いの心が近づいていれば，相手も身体を開いてリラックスしてくるはずである。これを「リード」と言う。同じような発想から「呼吸合わせ」「言葉のトーン合わせ」という技法もある。

3　こころとかかわる小さな技法

けあげておきます。
- 労をねぎらう（「一緒に」という言葉）
- さえぎらずによく耳を傾ける
- 子どもについてのプラスの情報を

(5)保護者が集団で苦情を言いにきたとき

腰をひかず，積極的にかかわる

　①感謝の意を伝える：保護者なりに「何とかいいクラスにしたい」「指導の十分でない点に気づいて欲しい」といった前向きの気持ちなり，願いなりを抱いて来たことにまず感謝の気持ちを伝える。

　②一歩踏み込んで聴く：文句や抗議でも腰を引かずに積極的に聴いていく。保護者の訴えが一通り終わったら，「他にご心配なことはありませんか？」と，こちらから求めていくくらいの姿勢の方がよい。

全員がしゃべるように

　③全員の発言を求める：よく特定の保護者だけがしゃべり，あとは黙っている場合がある。同じ訴えでもニュアンスが異なることもあるので，こちらから水を向け，やってきた全員の言葉を聞くようにする。

それぞれやれることを確認し合う

　④今できること，これからやれること：即答できることとできないことがある。今すぐ取り組むことと，これから時間をかけて取り組むことがある。そのあたりを整理して明快に伝える。

　⑤学校の役割，家庭の役割：学校と家庭それぞれの役割と責任を明らかにしていく。この際，責任のなすりつけにならぬよう十分気をつける。家庭ではどうすべきかの具体案をたくさん用意しているとよい。

父親への間接的はたらきかけ

　⑥父親の意見：その場は母親だけのグループであっても父親はどのように考えているか，問いかけていく。家庭の中の複数意見を出し合うことで，豊かな話し合いができるはずである。

□応用□　問題事例：いじめっ子との呼び出し面接

いじめっ子と面接する
　　B子（小学6年生）と，そのとりまきである三，四人がどうもC子をいじめているらしいとの情報を得て，担任はまずB子と面接して事情を聞いてみようと思いました。ところが担任の意図を事前に察知したB子は，C子と一緒にあらわれ，C子の口を通して「いじめられてなんかいない」と言わせるのでした。あなたが担任だったら，どのようなかかわりを行いますか。かかわりの入り口の部分を考えてみてください。

　　　　　　　　　＊　　　＊　　　＊

根の深さへのアプローチ
　【かかわり例】①B子の問題は深いととらえ，まずその場は三人で話し合う。直接いじめ問題には触れないが，B子とC子の関係などをそれとなく観察する。②後日，B子と再面接し，いじめ問題には触れずにB子の家庭や親子関係などに焦点をあて，B子の心の負担が和らぐようなはたらきかけを行う。

メッセージカードの応用
③C子についてはメッセージカードなどを使いB子に気づかれないようにフォローしていく。

Attention!　　関係をよくする投げかけ言葉

　廊下などですれ違いざまに先生から投げかけられる言葉も，子どものこころに大きな影響を与えるものである。子どものこころに元気を与えるか，子どものこころから元気を引き抜くか。あなたはどんな言葉を投げかけているだろうか。元気を与える投げかけ言葉をいくつか紹介したい。
　「どう？　5年生になって」「〇〇先生，きみのことほめていたよ。うれしかったなあ，それ聴いて，先生も」「最近，身体がっちりしてきたね，たくましいぞ」「体はどう？　この前セキしていたけど」「がんばっているね」。

◇まとめ◇　こころとかかわる小さな技法

　学校に研修会などで招かれてうかがうと、玄関に「菅野先生、きょうは寒い中をありがとうございます」といったメッセージがついたてに書かれて出迎えてくれたりすることがあります。ふと下駄箱を見ると、ここに入れてくださいというように私の名前の書かれた名札が貼られています。こうした配慮で迎えてくれる学校が最近増えてきたように思います。

　読者の中には「こころ」という言葉に「技法」という言葉はそぐわないと思われる方もおられるかもしれません。心があればそれが何らかの形であらわれるはずだ、という考えもあります。また、心がこもっていれば、それがあらわされようとあらわされまいと、人は何かを感じるはずだ、という考えもあります。「技法」というと何かわざとらしい、と思われる方も少なくないかもしれません。

　しかし、現実はどうでしょうか。気がつかないうちに周囲からあたたかい配慮をされていたり、自分の気持ちを的確に察知されたりして育ってきた子どもは、教師があえて技法を使わなくとも、こちらの思いや気持ちが伝わることでしょう。しかし、現代ではそうした子どもは少数派ではないでしょうか。現実は、教師がさりげなく配慮しても全然気がつかず、はっきりとこちらの意図を伝えても十分伝わったか心もとない——こんな状態なのではないでしょうか。

　とくに、幼い頃から心が傷つく体験が多く、大人に対して不信感を抱いている子どもの場合や、学校との関係で不本意な気持ちを抱いている保護者には、こちらの真意がスムースに伝わらないことも少なくありません。そんなときには「先生は怒っているのではない」「心配している」「君もクラスの大事な子どもの一人だよ」「協力して一緒にやっていこうと思っている」などといったこちらの気持ちがよく伝わるような工夫をしなければならないのです。これが「こころとかかわる技法」なのです。

＊　　＊　　＊

　子どもや保護者から絶大な信頼のあったD先生はいつもさまざまなキャラクターのついた手製のカードや便箋をもっていました。子どもたちはD先生から

そのカードをもらうのを楽しみにしていました。D先生の身体と同じような大きな字で、子どもも親も元気になるようなメッセージが書かれていたからです。

　E先生は、前の学年から不登校になっていたK男の新担任になりました。すると前担任とは決して会おうとしなかったK男が「E先生に会ってみたい」というのです。さっそく相談室で二人の"出会い"の機会を持つことにしました。なぜ、E先生に会ってみたくなったのかK男に聞いてみると、こんな答えが返ってきました。新学期そうそうK男の元へ新しく担任になったE先生から手紙が届きました。開けてみるとE先生の写真と、自己紹介が入っていました。「やさしそうな先生だ」とK男は思ったそうです。自己紹介文を読んでK男は、この先生なら僕のことわかってくれそうだ、と思ったそうです。春の遠足をきっかけにK男は再び学校に行くようになりました。

　いかがですか。あなたもすでにこうした小さな技法を開発されているのではないでしょうか。仲間でそれぞれの技法を出し合ってみてはどうでしょうか。どんな子どもにはどんな技法が有効なのかを研究してみるのもよいでしょう。

Final Check

☐ こころとかかわるための言語的、非言語的工夫がある。
☐ そうした工夫を積極的に行うことで、子どもや保護者とのあいだで、関係を促進したり、緊張を緩和したり、問題点を明確にしたり、混乱を整理したり、心のエネルギーを補充したりすることができる。
☐ それらを技法としていつでも使えるように一般化しておく。
☐ メッセージカードや写真なども、工夫しだいでこころへの技法となる。
☐ 現代の子どもには、こちらの思いをはっきり伝えることが必要である。

Ⅱ 学級経営に生きるカウンセリング・テクニック

・4・
親面談のコツ

子どもとのかかわりは楽しいが，親とは苦手――という教師は少なくありません。みんな，悩んでいるのです。

［**ある親面談の光景**］ 担任の先生が何度家に迎えに行っても出てこようとしない，不登校の理由もはっきりしない，親も子どもを甘やかしているだけとしか思えない……。こんな思いが学校側にあったのだと思います。「両親で学校に来るように」との連絡がA君の家にありました。教育相談室にもなかなか来られなかったA君でしたが，ようやくお母さんと来所しはじめた頃のことでした。学校と連絡をとって私も一緒に伺うことにしました。

その日の朝，待ち合わせた場所にA君のお父さんはいませんでした。お母さんだけが何やら大きな風呂敷包みを持って待っていたのです。わけがありそうだったのであまり理由を深く聞きませんでした。学校に着くと教頭先生が開口一番「お父さんは，どうしたんですか」ときつい口調で言いました。お母さんは困った顔をして，「しごとで……」と消え入りそうな声で答えました。正面にはまるで面接試験のように校長先生，教頭先生，学年主任，担任の先生が一列に座っています。お母さんは風呂敷を解いてお茶の準備をしはじめました。風呂敷包みの中にはポットと急須，茶わんが入っていたのです。先生方に迷惑をかけている，せめてお茶でもとお母さんは思ったのでしょう。しかし教頭先生から返ってきたのはこんな言葉でした。「そんなこといいから，早く座って！」。「お母さん，わざわざお茶の用意持ってきてくれたの。じゃ，お母さんの入れてくれたおいしいお茶をいただきながらみんなで一緒に考えましょう」というスタートだったら，お母さんは学校不信におちいらなかったのにと，いまでも私は思っています。

●問題●

もしあなたがA君の学級担任だったら，親面談をどのように行いたいと思いますか。

TRY 回答を書き込んでみよう

(1) 面談の電話のかけ方

(2) 面談時間の約束の仕方

(3) 面談場面の設定

(4) 準備するもの

(5) 話し合いの仕方

○回答○

(1) 面談の電話のかけ方

責める言い方はひかえる

「いったい，A君のことを家ではどう考えてるんですか，とにかく一度学校に来てください。お父さんも一緒に来るように」——これが実際に担任の先生からA君のお母さんにかけられた電話だったそうです。この時点で親はもう「学校に行けば責められるだけではないか，親の気持ちなどくみとってもらえるはずがない」と思い込んでしまったそうです。

一緒に考える姿勢

「A君のこれからについて，学校でできること，家でできることなどをいまの様子をふまえて考えてみたいのです。今回はぜひお父さんにもいらしていただき，校長先生や教頭先生も交えてみんなで，いまのA君にどうかかわることがよいのかを一緒に考えてみませんか」といった電話でしたら，親の気持ちも違うのではないでしょうか。

(2) 面談時間の約束の仕方

明確な時間設定が望ましい

時間は何時何分と，はっきり約束します。あまりきっかり時間を言うと冷たい感じがすると思って「午前中に」「お昼頃」と大まかな設定になりがちです。しかし，こちらが思っている時間と相手が思っている時間にはズレが生じることもあります。イライラして不機嫌に待つよりは明確な時間設定の方がよいのです。もし遅れてきた場合には「○時というお約束でしたが，何か渋滞でもあったのですか」云々と，ころあいを見て一言，時間を守るように伝えた方がよいでしょう。

(3) 面談場面の設定

リラックスでき，安心できる場面設定を

話し合いの雰囲気は，どのような場所で，どのように座って話し合うかでもずいぶん異なります。人の出入りの少ない小部屋で，できれば輪になって座る感じの方がよいでしょ

う。複数の教員がいる場合には学級担任は親と相対するのではなく，親の側に座る方がよいと思います。

(4) 準備するもの

できるだけ話し合いを実りあるもの，前向きなもの，そして親に対してサポーティブなものにしたいものです。その子の作品や作文といった具体的な資料のほかにも，①これまでの経過の記録，②他教師からの情報，③最近あったうれしかったエピソードなどをメモし，話の流れの中で紹介していくとよいでしょう。

<small>プラスのエピソードを用意</small>

(5) 話し合いの仕方

問題となる出来事だけを延々と一方的に"お説教"するのは害あって功なしです。親の言い分にもよく耳を傾けながら（ときには，メモしながら），いろんな角度から話し合います。私は，時間の7割は，親側から学校の知らない子どもの側面や家庭的背景などを聞くことにあて，残り3割が教師側から伝えたいことを話す，くらいの配分をすすめます。「〜で困る」という言い方よりは「〜のことを心配しています」という言い方を心がけたいものです。

<small>積極的に聞く</small>

<small>アドバイスは具体的に</small>

Attention! 　　　　トラブル例にみられる教師の言葉：その1

「教員生活○○年ですが，お子さんのような子どもは初めてです」——よくこうした言葉を聞く。指導の大変さがこうした言い方になってしまうのかもしれない。しかしその言葉を聞いた親の方も大きなショックを受けるはずである。「わが子はそんなにひどいのだろうか」と。しかしその次にやってくるのは，先生からわが子が突き放され，親子ともども見捨てられたようなみじめな気持ちである。それと同時に，怒りや不信感もわいてくるだろう。自分にとってははじめての経験でよくわからないこともあるので，親にも協力して欲しいことを率直に伝えた方がよい。

→「〜君のようなタイプのお子さんは，担任した経験があまりないので，お母さんからも教えてもらいながら，私なりに勉強してやっていきたいと思っています」。

また，親が何をどうすればよいのかを具体的にアドバイスすることも大事なことです。「学校では〜を心がけたいと思っています。お家ではこんなふうにやってみたらどうでしょうか」と。

□応用□　こんな場合の面談はどうしたらよいか

　ときには，こちらがどのように対応したらよいのかとまどってしまいそうな場合もあります。難しい面談事例を考えてみましょう。

(1)攻撃的な親の場合

攻撃的，対決的な場合には
　教師の指導をわが子への「迫害」と受け取り，親へのアドバイスを「不当要求」と受けとめたりして，はじめから対決姿勢でやって来る場合があります。

　〔面談のコツと工夫〕「売り言葉に買い言葉」的に戦わないことです。同じレベルで戦うことは，相手のペースにまきこまれてしまうことなのです。教育は戦いではないのです。

まきこまれない
親と戦って，仮に勝利しても何の意味があるでしょうか。大事なことは親の気持ちをこうした「敵対図式」から解放してあげることです。親が「攻撃」してくることを，まず丁寧に聞くのです。「お母さんのおっしゃっていること，大事なことだからメモしますね」とこちらの受けとめる姿勢を積極的

受けとめる
に示すこともよいでしょう。

　こちらの感情を逆撫でするような挑発的な言葉や，指導に対する誤解や曲解に対しては，全部聞き終えてから落ち着いて説明するとよいでしょう。時々，聞くだけ聞いた後，「さあ，こんどはこちらからだ」と反論に転じる例もありますがこれも不毛なことです。「いろいろ指摘していただいて，あ

「攻撃」を「提案」ととらえる
りがとうございます。ご指摘のことを，一緒に考えていきたいのですが」と，「攻撃」内容を親からの提案や相談ととら

えて，誠意をもって対応していくのです。

　攻撃的な言葉の背後には必ず親の「困っている」気持ちがあるのです。

(2) あまりしゃべらない親の場合

寡黙な背景
　わが子のことなのに，あまり積極的にしゃべろうとしない親がいます。もともと自己表現が苦手，緊張している，警戒している……さまざまな理由が考えられます。ともすればこうした親に対しては教師側の一方的な話になりがちです。

　〔面談のコツと工夫〕　まずリラックスできる雰囲気づくりが大事です。親の心がほぐれるようなその子についての明るいエピソードから入るのもよいでしょう。「校長室だと緊張しますよね」と言葉をかけたりすることも。カウンセリング

カウンセリングの技法を使う
には「繰り返し」という技法があります。親が語るかすかな言葉をゆっくり繰り返すのです。親「家でも……なかなか……言うことをきかなくて……」，教師「おうちでもお母さんの言うことをなかなかきこうとしない」という具合です。話題を次から次に変えずに，重く淀んでいるところにいわく言い難いものがあるのだろうな，と思って丁寧に応答する

Attention!　トラブル例にみられる教師の言葉：その2

「おたくのお子さんだけに手をかけるわけにはいきません。他に36人もいるんですから」（事実はそうかもしれないが，よほど親が過大な要求をしてくる場合以外は言わないほうがよい）→「私なりに～君のことを心にかけているのですが，ときどき指導が手薄になることもあるかもしれません。お母さんなりにそう感じたときはいつでも言ってくださいね」。

　教師の言葉についての親の苦情を聞いていると，案外何気なく言ってしまったのだろうなと思う例が多い。親と教師が互いに強くつながっているときには「あの先生のことだから」と好意的に受け取ることも可能だが，希薄な人間関係だと誤解を招きやすい。もう少し親の気持ちを考えていれば，こんなに問題がこじれなかったのにと思う例も少なくないのである。

と，親の方も少しずつ元気がわいてくるのではないでしょうか。話がよくまとまらない場合には「お母さんの言われること，こんなふうにうかがいましたが」と「明確化」するのもよいでしょう。

◇まとめ◇　このように考えよう

［親面談の目的］　親との面談の多くは次のような目的で行われます。
①親から子どもについての情報を得たい。
②親との信頼関係を作りたい。
③学校側の指導について理解を求めたい。
④子どものことについて親とともに考えたい。
⑤指導をめぐって親との間に生じたトラブルを解決したい。

いずれにしても，子どもに何らかの問題を感じるからこそ，親との個別的な面談が行われるのです。つまり，面談以前にすでに子どもをめぐって何らかのやりとりが交わされていることが多いのではないでしょうか。

［面談にやって来る親の気持ち］　わが子の問題をめぐる面談にやって来る親は，決して楽しい気持ちで学校にやって来るわけではありません。むしろ緊張，不安，身構え，ときには怒りすら抱いてやって来るのです。面談以前に生じている親の感情を思いやることが大切です。

［来校した労をねぎらう］　子どもがどのような問題を起こしているのであれ，面談のために来校した親に対しては労をねぎらうべきでしょう。「雨の中を大変でしたね」「お仕事を休んで来てくれてありがとうございます」と。

［自己紹介］　学級担任以外のメンバーが面談に加わるときには，あらかじめその旨を親に話しておくのがルールでしょう。教師側から自己紹介します。子どもとの学校でのかかわりや校内での役割なども簡単に説明するとよいでしょう。最後までその場にいた担任以外の先生方が誰かわからず（実は，学校教育相談担当と，学年主任の先生だったのですが），親の方が「教育委員会の人かもしれない」と疑心暗鬼になった例もあるのです。

［子ども中心の話し合い］　子どもの問題なのか，親と教師の戦いなのかわから

らなくなってしまう場合があります。あくまでその子にとってよくなるような話し合いにすべきです。そのためには，①相手の立場を思いやる，②相手の言葉によく耳を傾ける，③一回で何もかも解決しようと思わない，④言葉の背後にある親の気持ちを察する，といった姿勢が大事です。話し合いを抽象的な論争にしないためにも，できるだけ具体的な子どもの姿やエピソードをもとに話し合うことです。

　［親も救われたい，認めてもらいたいと思っている］　親の中には，孤立無援状態で子どもを育てている人もいます。学校にとって「難しい親」のほとんどは心のゆとりのない親なのです。親の心にゆとりが取り戻せたら，もっとわが子を客観的に見ることができたり，人の話にも耳を傾けたりするようになるかもしれません。そんな親の気持ちをふまえて行いたいものです。

参考文献
菅野純「提言　個人面談の禁句　言葉の工夫」『楽しい学級経営』10巻5月号，明治図書，1995

● Final Check
- □親面談は，親と学校とが力を合わせて，子どもの成長をはかっていくために行うものである。
- □面談以前に生じている親の気持ちを考慮して，時間・場面設定やメンバーの選択，話題の選択を行う。
- □困っている親，孤立無援の親ほど，心のゆとりのなさから攻撃的になりがちである。いたずらにまきこまれずに，言葉の背後に焦点を当てる。
- □親が「きてよかった」と思うような面談を心がける。

Ⅱ 学級経営に生きるカウンセリング・テクニック

・5・
父親にどうはたらきかけるか

いま父親は子どもの教育の鍵を握っているのではないでしょうか。教育の側からの父親へのかかわりを考えます。

［がっかりした父親懇談会］　上の子どもが小学生だったときのことです。私は初めて授業参観に行ってみました。日曜日とあって，私のほかにもお父さんたちが大勢来ていました。わが子の授業ぶりを冷汗をかきながら見ているという感じです。もちろん私もその一人でした。授業の後，担任の先生と父親との懇談会がもうけられました。十数人のお父さんが残っていたように思います。30代後半の女性の先生でした。残ったメンバーは，先生から言われるままに机を輪になるように移動し，それぞれが窮屈そうに小さな机を前に座りました。それからお父さんたちの自己紹介がありました。ユーモラスで個性的な自己紹介に私は感心しました。先生の自己紹介もありました。でもそれに続いて話されたのはこんな言葉でした。「お父さんたちもお忙しいでしょうから，きょうはこのへんで……」。

　これから何か先生から話があるかもしれない，父親として互いに語り合おう，といった期待があったからこそ，私を含めて教室に残ったのだと思います。「あれっ？」という雰囲気が一瞬ただよいましたが，気弱で（私を含めて）心やさしい（私を含めて？）お父さんたちは，何となく期待が外れたような曖昧な表情でまた机を元に戻しはじめました。「それ以上先生に求められないな」といった押しの強さのようなものを担任の先生の言葉に感じたからかもしれません。あのとき，早く終わってお父さんたちは喜んだでしょうか。がっかりしたのは私だけだったのでしょうか。何だか貴重な機会を逃したような残念な気持ちでした。

●問題●

　いま紹介したエピソードは，私が30代のはじめ，まだ若い父親だったときのことです。まわりのお父さんたちも私同様若かったと思います。いま考えると，そのときもっと積極的に担任の先生に要求すればよかったな，と思います。「先生，ここに残ったお父さんたちはみな，自分の子どものことやクラスの子どものこと，先生が父親に望むことなどを聞いたり話し合ったりすることを求めているのではないかと思います。少しお時間をとっていただけませんか」と。

　その日，先生の側に時間を急ぐ何らかの事情があったのかもしれません。しかし，その後さまざまな先生方とかかわるうちに，こんなふうにも思うようになりました。もしかすると，担任の先生は集まった父親に何を話し，父親たちとどのように時間を過ごしたらよいかわからなかったのかもしれない，父親とのかかわりに苦手意識をもっていたのかもしれない，と。

【TRY】回答を書き込んでみよう

　あなたが学級担任だったら，父親との懇談会をどのように工夫して行いますか。懇談会の持ち方について，あなたのアイデアを箇条書きに書いてください。

_____

_____

_____

_____

_____

_____

_____

○回答○

(1)回答例

いかがですか？　あなたはどのような工夫をされていますか。私なりのアイデアをあげてみましょう。

父親同士の自己紹介の工夫

(1)自己紹介の工夫

①わが子のよいところを一つ紹介しながら自己紹介する。
②わが子の「名前」の由来を説明しながら自己紹介する。
③小学校に入ってからのわが子の何かおもしろいエピソードを紹介しながら自己紹介する。

父親懇談会のもち方

(2)父親から見た授業と教室でのわが子の様子への感想を語ってもらう。

(3)その日までに子どもにお父さんへの要望を書いてもらい，懇談会の席で紹介する。

(4)父親として最低これだけは心がけている，ということを話してもらう。

(5)家庭で父親として悩んでいることを話してもらう。

(6)社会人として職場などで感じることをもとに，お父さんなりにいま子どもたちに何を身につけさせたいかを話してもらう。

(7)兄姉のいる子の先輩格のお父さんからその年齢の子育てについて話を聞く。

(2)何事も生じていないときこそ父親との人間関係を

地域によってはPTAの役員のほとんどを父親が占めている学校もあります。またPTA会長だけは男性―父親がなる，という慣行が続いている学校もあるでしょう。しかし都市化した地域では，PTA活動は母親中心で行われている学校が少なくありません。いや，PTAの存続が危うい学校，はじめから作られなかった学校もあります。いずれにし

ても，一般の父親が学校行事に参加する機会は数少ないはずです。

父親が来校するチャンスを活かす

現代の家庭では父親の存在感は薄く，子どもの教育は母親中心に行われることが多いことは確かです。しかしいざというときには，父親が学校に登場し，わが子の問題や，学級や学校の問題の解決のために動きだす例も多いのではないでしょうか（わが子がクラスでいじめを受けたとき，クラスが学級崩壊状態におちいったとき，担任と子どもたちや保護者との間が相互不信におちいったとき，学校に不測の事態が発生したとき，など）。そんなとき，普段父親と教師の人間関係ができていれば意思疎通がとりやすいものです。父親が普段から学校の現状や教師の立場などをよく知っていれば問題解決は比較的スムースにいくのではないでしょうか。父親が学校にやって来る機会は貴重なものと考え，そのチャンスを活かす工夫をしたいものです。

Attention! 父親の役割：その1 〈世の中で生きること〉を教える

現代の子どもたちの社会性の欠如について問題意識を強く持っているのは，学校の教師と父親かもしれない——私は最近こんなふうに感じている。教師は，個別場面と集団場面の両方で子どもたちにかかわる。個別場面では「いい子」でも集団場面になると変わってしまう子どもの二面性を感じることが少なくない。他人の迷惑をかえりみない自己中心的な行動も，学校という集団場面だからこそあらわれるのかもしれない。母親との二者関係では，子どもは「問題のない子」であることが多く，いくら教師が子どもの社会性の欠如を指摘しても「家ではいい子です」という言葉が返ってくることがよくある。その点，父親は職場で苦労しているはずである。若い職員の言葉づかい，マナー，気働きの欠如……などについて。社会の中で生きるために何が大事かを，多くの父親は痛切に感じているはずである。それをわが子に伝える役割が父親にはある。

□応用□ 〈父親〉が背景にある子どもの問題

子どもの問題の背後

教室で見られるさまざまな問題行動の背景に，父親の問題が隠れていることがあります。また，直接的には母親の子どもへのかかわり方に問題があっても，背後には父母の不仲や父親の精神的不在などの問題が存在する場合もあります。しかし，比較的コンタクトがとれやすい母親とは異なり，父親へは学校からなかなかはたらきかけにくいものです。次の二つの事例をもとに，子どもの問題行動と父親の関係，そして学校側からのかかわりについて考えてみましょう。

事例1：精神的"不在"の父親

〔小学3年A子〕 真面目でおとなしい子だったが，ある時期から身体のさまざまな痛みを訴えて保健室に頻繁に通うようになる。痛む箇所を担任に触わってもらいたがる。以前に比べていくぶん幼くなったようにも思える。医学的には問題がない。

〔家庭的背景〕 1年前父親が転職し，帰宅が非常に遅くなった。たまの休日は寝ていることが多い。新しい仕事に慣れず家族に当たり散らすこともある。母親は苦しくなった家計をやりくりしながら，夫方の親族とのトラブルなども抱え，孤立無援でがんばっている。父親には母親をサポートする精神的ゆとりがない。母親はときどきそのストレスを長女のA子に当たり散らすこともあるという。

母親をサポートできない父親

〔担任の家庭へのかかわり〕 ①母親にときどき来校してもらい，労をねぎらいながら悩みを聞く。②必要に応じて教育相談所を紹介する。③家庭のストレスが敏感なA子の心身症状として出ていることを伝え，両親で現在の家族のあり方を話し合うよう助言する。④希望があれば父親とも面談を行うことも伝える。

事例2：暴力をふるう父親

〔小学2年B男〕 行動が粗暴である。すぐ暴力をふるう。それほど根が深いわけではなく，言葉よりも手が出てしまうという感じである。しかし男女にかかわりなく暴力をふるうため，女子の中には一時的に不登校状態になった子もいる。他児の親からの苦情も絶えない。幼く可愛い面もあるが，教師の注意には急に人が変わったように身構える。

暴力モデルを示す父親

〔家庭的背景〕 父親の暴力が日常的に行われる家庭である。父親はわが子に愛情を抱いているが，他のかかわり方をあまり知らない。父親自身も親からたたかれてしつけられたという。あまり問題意識を感じていない。年子のB男の弟も1年のクラスで同様の問題を起こしている。

〔担任の家庭へのかかわり〕 ①父親に来校してもらい面談を行う。その際，担任教諭（女性）の他に学校長（男性）にも同席してもらい，「先輩父親」の立場から助言してもらう。②日常的に暴力を用いて子どもをしつけることは，「いい子に育って欲しい」という親の願いにもかかわらず「暴力への感覚マヒ」と「暴力モデル（暴力で問題解決をはかっていけばよいというお手本になること）」を子どもに身につけさせ

Attention!

父親の役割：その2「たしなめる」

母親はわが子を不快な状態にさせないようにと動く。子どもが飢えているときは飢えを満たし，おむつが濡れているときには取り替えてやることで不快さを取りのぞく。しかし，子どもが成長してからも同様の母性行動をとりがちになることがある。たとえわがままと知っていても，わが子が駄々をこねるとかわいそうになり，言いなりになってしまう。しつけより欲求不満からくる不快さを取りのぞくことが優先されてしまうのだ。そうした状態にいる子どもと母親をたしなめるのも父親の大切な役割である。「それでは世の中では通らないぞ」と。それではじめてバランスがとれるのである。

ることで，せっかく持っているB男のよい資質も発揮できなくなることを，学校長は子どもに言い聞かせるように話してくれた。

◇まとめ◇　このように考えよう

　[子どもの問題を両親で担い合う]　事例にあげたほかにも，父親の問題が背景に存在する子どもの問題はたくさんあります。「家庭をかえりみないでギャンブル生活をしている父親」「自分の母親と妻の確執から逃れることばかり考え，頼りにならない父親」「酒を飲んだときしかわが子を叱れない父親」「いつも正論ばかりで窮屈な父親」……子どもの問題の背景には何らかの形で父親の問題がかかわっているのですが，普段は母親が学校との窓口になるために母親の問題性のみがクローズアップされがちです。

　「お父さんはこのことをどんなふうに考えていますか？」「この問題に対してお父さんは○○君に対してどんなはたらきかけをしていますか？」と母親に率直に尋ねてみるとよいでしょう。母親がひとりで悩んでいたりイライラしていたりしている場合が少なくないのです。こうした問いかけで「先生は私の大変さもわかってくれる」「私ばかりではなく，お父さんにも担ってもらいたい」という意識がわいてくることでしょう。

　[父親の現在]　いま父性は混迷を続けています。つまり，父親とは何なのか，どんな役割を果たさなければならないのか，についての基準がないのです。ある人は父親は存在が大事で背中を見せていればいいんだ，と思っています。いや，アウトドアなど父親でなければやれないことがあるはずで，積極的に子育てにかかわっていくべきだ，と考えている人もいるでしょう。あるいは多くの父親は無自覚で，自分では父親をやっていると自己満足をしているうちに，母親やわが子の願いや期待とズレていき，気がついたときには彼らの不満や批判にさらされるという状況におちいっているのかもしれません。

　[よき父親とは]　私はかつて，私の友人の中で「いい父親だなあ」と思う人を10人選んでインタビューを試みたことがあります。私自身が一人の父親として方向性を見失っていたからです。私なりに次の結果を得ることができまし

た。「よき父親」は，①子ども時代，父親とよい関係を持っていた（父親の自分に対する願いを感じていた，父親に安心感を抱いていた，父親とよく遊んでもらった，父親の楽しむ姿をよく見る機会があった，父親の苦労を知っていた，父親についてのエピソードをたくさん持っている，父親から干渉されず自分なりに生きていくのをじゃまされていない）。②父親であることに自覚的である（子どもの件で学校に呼び出されたときには必ず自分が行った，子どもの病院通いは自分が連れて行った，子どもと一緒に風呂に入るように心がけた，風呂からあがった子どもと相撲のぶつかりげいこをした，山に連れて行った，息子と二人だけの時間を持つようにした，サッカーと野球で鍛えた……）。

　女性教諭にとって「父親」はいま一つ実感がわきにくいものかもしれません。校内研修会などで男性教諭の父親体験，女性教諭の母親体験をさしつかえない範囲で発表し合ってはいかがでしょうか。

参考文献
菅野純「連載　父親行動学」『月刊進路ジャーナル』No.436〜No.447，実務教育出版，1997〜1998

Final Check

□父親が学校とかかわる数少ないチャンスを活かす工夫をする。
□父親は子どもの社会性育成の理解者にも推進者にもなり得る。
□何か事が生じたときに父親が学校に登場することが多いが，できるだけ普段からコミュニケーションをよくしておくといざというとき活きてくる。
□子どもの問題行動の背景として母親の問題がとりあげられやすいが，父親の問題も深くかかわっていることが多い。
□よき父親の基準は揺らいでいる。父親でも母親でもある，教師同士で話し合うのもよい。

Ⅱ 学級経営に生きるカウンセリング・テクニック

•6•
指導に活かす
ソーシャルスキル・トレーニング

ソーシャルスキル・トレーニングは，社会性が身につきにくい現代の子どもたちにとって，大事なものです。

　[**子どもたちの社会性**] 教師たちが「学習指導以前」の問題に多くのエネルギーを費やさなければならないことが増えました。その多くは子どもたちの社会性に関することです。学校という公的場面での生活の仕方，すなわち授業を聞く態度，言葉づかい，集団場面でのマナー，他児への思いやり，問題が生じたときの対処の仕方，公共物の扱い方……などあらゆる面で，教師たちは「学校でここまで教えなければならないのか？」という疑問を抱きながらも，こうした学習指導以前の問題と悪戦苦闘しているのではないでしょうか。

　社会性の獲得が困難になった背景はいろいろ指摘されています。①知力偏重の教育が家庭でも学校でも続いた，②地域の崩壊や核家族化，少子化などによって家庭教育の中から社会性のしつけの必要性が弱まった，③価値観の多様化や社会の急激な変化などでしつけの基準が不明瞭になった，④大人生活の多忙化のために，きちんと立ち止まってしつける機会が減った，⑤親，教師以外のしつけ役がいなくなった，⑥地域の子ども仲間などから集団でのふるまい方を学ぶ機会が少ない，⑦早期に集団保育や習いごとなどを経験するなど「学校風」の社会生活に飽和感や疲労感を抱いている，等々。

　しかし，原因や背景の分析のみでは問題は解決しません。多くの教師たちは，いま，目の前にいる子どもたちにどのようにして社会性を身につけさせたら良いか，学校教育ではどのようなことが可能か，を模索しているのではないでしょうか。

● 問題 ●

　子どもたちに社会性を身につけさせるために学校教育では，①しつけなければならないことについて賞罰をともないながら訓育指導する，②子どもが自主的に社会的ルールや役割などを学んでいくために集団行動場面をもうける，といった方法が用いられます。これらをより具体的に行っていくためには，クラス全体と個々の児童の社会性が現在どのような発達水準にあるかを評価しなければなりません。

　「社会性」とばくぜんと言いますが，あなたは小学生の社会性としてどのような社会的行動を求めますか。以下の見地からできるだけ具体的にあげてみてください。

TRY 回答を書き込んでみよう

(1) 自己表現

....

....

(2) 自己コントロール

....

....

(3) 親和的人間関係

....

....

(4) 社会的問題解決

....

....

(5) 自分を守る

....

....

○回答○　小学生の社会的行動

社会的行動をできるだけ具体的にリストアップする

(1) 自己表現
- 自分の気持ちや考えをはっきりと表現する
- 他人の言葉にも耳を傾けながら会話をする
- 援助を求める
- 頼みごとをする
- 疑問に思ったことを質問する
- お礼を言う
- 率直に謝れる
- 場に応じた丁寧語や敬語を使える
- 相手を納得させる

ノンバーバル（非言語的）な側面にも注目

- 相手に伝わる話し方ができる（目を見て話す，適切な大きさで話す，表情豊かに話す，間を適切にとって話す）

(2) 自己コントロール
- 興味や関心のないことでも何とか理解しようと努力する
- 順番を守る
- 根気強く待つ
- 怒り，恐れ，不安などの表現をコントロールする
- 集団のルールを守る
- 他児と分け合う
- 他児とのトラブルを避ける

(3) 親和的人間関係
- 相手の話に関心を持ちながら聞く
- 相手をほめたり，認めたりする
- 遊びや活動に誘う
- 仲間にスムースに加わる
- 分け与える

	・援助を申し出る
	・仲間をリードする
	・思いやりを表現できる
問題を自己解決するスキル	(4)社会的問題解決
	・問題に気づく
	・いまどんな場面かを正しく状況判断できる
	・解決目標を決める
	・解決案をたくさん案出できる
	・それぞれの案の結果を予測できる
	・最善の解決案を選ぶ
いじめに負けない力	(5)自分を守る
	・自分の正当な権利を主張する
	・不当な要求をはっきりと断る
	・不満や不平を言葉できちんと伝える
	・苦情を言う
	・不当な言動の相手に対して説明を求める
	・相手が行動を変えるよう求める
	・もしも暴力を加えられたときには，やられる一方ではなく何らかの反撃をする
	・自分の味方をつくる

Attention! かつて子どもたちはどんな方法で社会性を身につけたか

「友だちのつくり方」など教えてもらった経験はない，という読者がほとんどだろう。さまざまな社会的行動を私たちの多くはとくに自覚することなく獲得してきたのである。これは「観察学習」というプロセスが私たちの内側で生じたためである。自分の周囲にあった社会的モデルをそれとなく観察し，いつしかモデルの示す社会的行動を習得してしまう，そんな学習体験を気づかぬうちに行ってきたのである。

6 指導に活かすソーシャルスキル・トレーニング

□**応用**□ 次のような社会性の問題をもつ子どもに対して，あなたならどのような方法で指導しますか

■ソーシャルスキル・トレーニングによる指導例
(1)消極的でクラスにとけこめない子

リラックスした雰囲気でのインタビュー	①質問と説明：クラスに対してどんな印象を持っているのか，恐いと感じる子，苦手な子などがいるのかどうか聞いてみる。教師に対しても必要以上に構えている可能性があるので，「責められている，叱られている」と感じさせないような聞き方を心がける。どうすればクラスになじめるかについての本人自身のアイデアを聞いてみるのも良い。クラスの中で積極的にふるまえるようになると楽しいことが増えるなど，動機づけを高めるような説明も行う。「友だちづくり作戦」を行うことを確認する。
目標化する	
友だちにプラスのイメージを抱く	②クラスの一人ひとりについて「その子のよさ」を名簿の横に書いてみる（もしクラスメートの名前を全員覚えていないときには，写真と名前の一致を宿題として出す）。思い浮かばない場合には子どもと一緒に考える。
観察	③クラスの他の子（あるいは人付き合いの上手な特定の子）は，どんなふうに友だちにはたらきかけているかをそれとなく観察させる。その結果について話し合う。
ロールプレイ	④クラスの中ではたらきかけやすそうな子を三人選ぶ。いくつかの場面を想定し，友だちとしてはたらきかけるロールプレイを行う（このとき，アドバイザー役として他児の応援を借りても良い）。
日常場面での応用	⑤実際に行動にうつしてみる（試しに実験するような感じで，あまり重くならないほうが良い）。やってみた結果を振り返り，うまくいかないときには修正する。うまくいったときには他の子にもはたらきかけてみる。

(2)感情のまま行動し，すぐトラブルになる子たち。実際に問題が生じたとき

トーンダウン　　①興奮しているときにはその場面から離し，気持ちが鎮まるのを待つ。こちらは決して興奮せず，のんびりした口調で（しかし真剣に）尋ねる。

建設的な問いかけ方　　②「A君，まずはじめに何が起こったの？」「それじゃ，B君」

状況を正しく把握しているか　　（言い訳をはじめたり，相手を責めはじめたりした場合には，同様ののんびりした口調で「みんなで一緒に，どうすれば良かったかを考えよう」と言う）。

理想的問題解決法を知っているか　　③「そのとき，A君はどうしていたの？」「B君は？」

④「そのとき，どうしていればよかった？」（具体的に考えさせる）。

⑤「ムカついて，ケンカする以外に，もっといいやり方がなかったかな？」（具体的に答えさせる）。

⑥「これから二人，どうしようと思っている？」

＊互いに相手の立場を演じるロールプレイなどを入れながらもう一度スローモーションで打撃フォームを分析するように出来事を客体化しながら検討するとよい。

スローモーションで振り返るように

Attention!　　教師自身のソーシャルスキル

ソーシャルスキルという視点で教師としての自らを振り返ってみる。□同僚や子どもと挨拶を交わせる。□自分の感情をコントロールできる。□他人の感情を理解できる。□喜びを表現できる。□攻撃をユーモアにすることができる。□率直に謝れる。□相手を立てることができる。□上手に叱る。□子どもと話を合わすことができる。□子どもを上手に励ますことができる。□教師集団内の葛藤を処理できる。□校務のさまざまな役割をこなす。□親の意欲を高めるようにかかわることができる。

6　指導に活かすソーシャルスキル・トレーニング

◇まとめ◇　このように考えよう

[ソーシャルスキル・トレーニングとは]　放っておけば子どもに自然に社会性が身につくという時代ではなくなりました。かつては子どもの周囲に数多くあった社会的モデルが激変してしまったのです。現在では親でさえも社会的モデルになりえていない家庭が数多くあります。また、LD（学習障害）の子など、社会的行動の獲得が能力的に大変苦手な子どもの存在も明らかになってきました。ソーシャルスキル・トレーニングの基になる考え方は行動療法です。社会性の乏しさを「性格」や「甘え」のせいとせず、ソーシャルスキルの未学習、あるいは誤学習、あるいはソーシャルスキルを遂行することに不安を抱いているととらえていく考えにもとづいています。

　社会性の未熟を「性格」あるいは「心構え」「親のしつけ」などの原因のみに帰してしまうと、子どもや親の問題についての分析は評論家的によくできても、指導方法となると「本人の自覚の問題」「家庭の問題」とそっけなく貧しくなるということが多く、学校では何を指導すればよいかがいま一つでした。しかし「ソーシャルスキルの未学習、あるいは誤学習」ととらえると、新たな課題がわいてきます。未学習なことを学習させて習得させることが学校の意味と考えれば、社会性についても、どうしたら子どもが社会性を習得するか、その学習方法を考えるとよいのです。その学習方法がソーシャルスキル・トレーニングなのです。

[ソーシャルスキル・トレーニングのしくみ]　まず社会的行動をできるだけ具体的な行動レベルで考えます。たとえば「授業態度」は次のようなスキルに分解されます。①今している活動をやめる。②相手を注視する。③注意を集中して話を理解しようとする。④うなずく、あいづちを打つ、言葉を繰り返す、質問する、要約する、意見を伝えるなど話に何らかのコメントを行う。

　これらのスキルを習得するために次の五つの段階をふむことが基本です。
　①教示：トレーニングの必要性やそのしくみ、順序、期待される効果などを子どもに伝える。
　②モデリング：子どもにとって必要な行動をモデルが示し、それを観察させ

る。

③ロールプレイ：教示やモデリングによって示した適切な行動を具体的な場面を想定し、実際にふるまわせる。

④フィードバックと社会的強化：ロールプレイに対してよかった点を強調した言語的強化を与え、さらにどうすべきかの情報を与える。

⑤現実場面での般化訓練：訓練効果を促進するために、習得した行動を日常場面で実践するよう促す教示を与え、一定の目標が設定された宿題を与える。

参考文献
上野一彦監修『LDのためのソーシャルスキルトレーニング』日本文化科学社，1993
ミッチェルソン，L．ほか著，高山巌・佐藤正二ほか訳『子どもの対人行動』岩崎学術出版社，1987
菊池章夫・堀毛一也編著『社会的スキルの心理学』川島書店，1994
マトソン，J.L.，オレンディック，T.H. 著，佐藤正二ほか訳『子どもの社会的スキル訓練』金剛出版，1993
國分康孝ほか編『育てるカウンセリングが学級を変える——中学校編』図書文化，1998

Final Check

□「社会性」という抽象的な言葉ではなく「社会的行動」とより具体的な行動レベルでとらえていく。

□「社会性」未熟の原因を性格や甘えなどに帰さず、社会的行動の未学習・誤学習・遂行への不安ととらえる。

□ソーシャルスキル・トレーニングは、教示，モデリング，ロールプレイ，フィードバック・社会的強化，日常場面での般化訓練などを組み合わせて行う。

Ⅱ 学級経営に生きるカウンセリング・テクニック

・7・
集団式知能テストを活用する

手間をかけ実施しても活用されない——こんな声をよく
聞きます。知能テストを指導に活かす方法を考えます。

[気が重い研修会] 教育相談員時代，年に何回か気の重くなる研修会がありました。「知能テストの活用」といったテーマでの研修会です。教育委員会主催で行われることも，各学校の校内研修会として行われることもありました。講師として伺うと，さまざまな心理的"抵抗"に出会うのです。

個別式知能テストの実施方法を学ぶという研修会のとき，テスト用具に一切触れようとせず，実習を拒否する先生もいました。その先生方はたとえば「私たちにおまわりさんが必要なのはなぜですか？」といった問題を「これは思想調査だ！」と厳しい口調で抗議してきました。またある学校の校内研修会では「なぜ知能テストをやらなければならないんだ」と論争を挑まれたこともありました。

知能テストに反対する人の多くは，それが子どもを「知能」という人間の作り出した一指標で選別し差別することになると主張していました（この問題は知能テストのみではなくテスト一般にも通じる大きな問題でいまここでは論じません。私の場合には，私なりに必要性を感じたときに心理テストを行っています）。

もう一つの理由があります。それは手間ひまをかけて実施したわりには，活用がなされず，ただ指導要録に知能指数や知能偏差値を転記しただけに終わってしまう，という批判です。各学校で知能テストの結果がどれだけ利用されているかの実情を知れば知るほど，知能テストの理念とは別に，知能テストに対して批判的にならざるをえないのもわかるような気がしました。

●問題●

　知能テストの結果と実際の授業や学習との間には大きな溝があるように思いますが，あなたはどのように感じていますか。

　学校行事として毎年年間スケジュールに入っている。指導要録に記載しなければならない。仕方なく実施する（いまの子どもたちには，同時に進行しなければならない多数の課題を行うのは，結構大変なことではないでしょうか）。忘れた頃に結果が届く。コンピューターシートにデータが載っている。とにかく結果だけでも転記をすましておこう，詳しくは時間のあるときに検討しよう——そう思っているうちに日がたってしまい，いつしか関係書類は隅に追いやられる……。学校における知能テストはこんな運命をたどっていませんか。

TRY 回答を書き込んでみよう

- あなたの場合はいかがですか。知能テストをどのように活用しているでしょうか？

_____
_____
_____
_____

- いまはできなくとも，時間があればこんなふうに利用していきたいと思うプランはありますか。もしあったら紹介してください。

_____
_____
_____
_____

7　集団式知能テストを活用する

○回答○

　私なりの回答案を紹介しましょう。

(1) ある老教師のデータ

手間ひまをかけてデータを作っていた頃

　私が教育センターの教育相談員で知能テスト研修で悩んでいた頃、退職して教育センターに勤められていた元校長のA先生に相談したことがありました。翌日A先生は私に四折りにした一枚の紙を持ってきてくださいました。広げてみると、グラフ用紙をつなぎ合わせて自作した知能テストの学級一覧表とそのグラフでした。クラスの子ども数、50名。私たちが子どもの頃のデータです。当時はテストの採点も担任教師が行い、算盤を使って知能指数を算出したとのこと。実施に加え、結果を出し、それを一覧表にし、グラフ化し……と、いまよりも何倍もの手間ひまがかかっていたのです。

　「でも、これをすることで、家庭の事情や環境のせいで学業成績が伸びない子に気づくこともできたし、授業レベルをどのへんに合わせてやればよいかを見極めることもできたんですよ。いまよりずっと知能テストに期待もしていたし、教師によってはずいぶん活用したと思います」。

(2)「遠い」データ、「身近な」データ

　いまはよれよれになった老教師の手製のデータシートを見せてもらったとき、私ははっと思いました。確かにデータの処理はむかしに比べて格段に便利になりました。教師はテスト結果をテスト会社に送り返し、コンピューター処理されたデータを読めばそれなりにクラスのことも子ども一人ひとりのこともわかるようになっています。しかしそこには教師が自分で発見する喜びはありません。A先生の時代にはテストを自分で採点しているうちに、あるいは自分で一覧表やグラフを作ったりしているうちに、教師自らが発見することがた

自力で発見する喜び

くさんあったはずです。「なぜ，この子は知能テストの結果がこんなにいいのだろうか」「成績はよくても知能テストの結果はあまりよくないな」「下位テストの結果がずいぶんばらついているな」等々。コンピューターが算出したデータは，それを読む教師にとっては気持ちがいま一つ「遠い」のではないでしょうか。データをもっと「身近に」する方法はないのでしょうか。

> データを身近なものにするには？

(3)手作業に直す

　いったんコンピューターで算出されたデータをもう一度手作業で処理し直すことで，その読み手である教師にとってデータを「身近なもの」にすることができないだろうか。つまり，具体的な子どもたちの顔や言動を思い浮かべながら手間ひまをかけてデータを整理することで，データからさまざまな気づきを得るのではないだろうか。そう考えて，私はコンピューターシートから手作業を経て作成する補助シートを考えました。

> 手書きで作る補助シート

　補助シートを作る際に，二つの条件をもうけました。

　①コンピューターシートでは見えないものを見えるようにする。

　②手作業の時間を20分以内ですむようにする。

Attention!　心理テストと専門用語

　教育相談に関心を持ち研修を積んでいくと，知識の中に心理学の知識がたくさん入ってくる。しかし，学校の同僚と話し合うときにはできるだけ共通の言葉で話すように注意して欲しい。とくに心理テストには「WISC」「SCT」「ITPA」「PBT」「P-Fスタディ」「MAS」というようにアルファベットで略記されたものが多く，知らない人が聞くと，何となく閉じられた世界の隠語のように聞こえるものである。「『WISC-Ⅲ』という知能テストなのですが」と，専門用語は丁寧に説明しながら，話題にしていく習慣をつけたいものである。

□応用□ 補助シートを作成しながら知能テスト結果を読む

(1)知能テスト結果活用のためのポイント

まずは，準備

①定規，マーカー，メモ用紙を準備する。

②気づいたことは，何でもメモしていく。

③子どもたちに実施した問題に目を通し，できれば自分でやってみる。

④カタカナはできるだけ漢字混じりに直す（とくに名前）。

(2)補助シート（新田中B式知能検査用）の作成（図参照）

補助シートに書き込む

①まず知能偏差値の低い子の順に氏名を10名ほどリストアップする（知能偏差値も記しておくとよい）。

②次に知能偏差値の高い順にリストアップする。

＊この作業で「なぜこの子がここにいるんだろう」と気

学級一覧表

出席番号	氏名	性別	生活年齢 歳/月	精神年齢 歳/月	知能指数	標準得点(知能偏差値)	5段階評価 1 2 3 4 5	知能の特徴とタイプ A式:記号的知能	B式:空間的知能	3段階評価 B式:精神速度	下位検査（換算点） 1 2 3 4 5 6 7	総合学力 期待値段階
1	○○○ ○○○	M	12 9	14 6	114	59	4 +++	4++++	5+++++	3+++	17 13 17 15 17 16 12	3+++
2	○○○ ○○○	M	12 7	12 4	99	49	3 +++	※4++++	3+++	2++	18 16 14 13 15 8 12	3+++
3	○○○ ○○○	M	12 6	13 8	109	56	4 +++	4++++	4++++	3+++	15 10 15 15 15 8 12	3+++
4	○○○ ○○○	M	12 6	10 5	84	39	2 ++	3+++	3+++	2++	12 7 14 15 11 13 8	2++
5	○○○ ○○○	M	12 6	13 0	105	53	3 +++	4++++	3+++	3+++	15 9 16 13 14 14 15	3+++
6	○○○ ○○○	M	12 5	13 1	105	53	3 +++	※5+++++	2++	4++++	16 9 19 18 14 13 8	4++++
7	○○○ ○○○	M	12 3	13 4	109	56	4 +++	4++++	4++++	3+++	14 9 18 16 17 14 8	3+++
8	○○○ ○○○	M	12 3	14 1	115	60	4 +++	※5+++++	4++++	3+++	16 7 19 18 13 14 13	4++++
9	○○○ ○○○	M	12 1	12 2	102	51	3 +++	※5+++++	2++	3+++	15 6 18 18 12 9 13	3+++
10	○○○ ○○○	M	12 0	12 2	102	51	3 +++	※5+++++	2++	3+++	16 5 16 16 18 9 11	3+++
11	○○○ ○○○	M	12 0	11 7	97	48	3 +++	3+++	3+++	2++	9 8 16 17 12 11 14	3+++
12	○○○ ○○○	M	11 11	11 4	114	59	4 +++	4++++	4++++	3+++	13 8 17 15 15 13 11	4++++
13	○○○ ○○○	M	11 11	11 0	93	45	3 +++	3+++	3+++	3+++	18 8 11 15 13 9 13	3+++
14	○○○ ○○○	M	11 11	9 4	79	36	2 ++	2++	2++	2++	12 6 14 10 6 10 8	2++
15	○○○ ○○○	M	11 10	9 11	84	39	2 ++	3+++	4++++		12 6 11 10 14 9 8	3+++
16	○○○ ○○○	M	11 10	12 6	106	54	3 +++	※4++++	4++++	3+++	16 7 18 16 14 11 11	3+++
1	○○○ ○○○	F	12 9	12 6	99	49	3 +++	※5+++++	4++++	1+	17 ⑤ 16 16 12 17 9	3+++
2	○○○ ○○○	F	12 9	15 1	118	62	4 +++	4++++	※4++++	3+++	15 12 19 16 14 17 14	3+++
3	○○○ ○○○	F	12 7	12 5	99	49	3 +++	4++++	3+++	2++	12 7 19 15 14 14 12	3+++
4	○○○ ○○○	F	12 7	10 4	82	38	2 ++	4++++	1+	3+++	8 6 15 14 7 6 2	2++
5	○○○ ○○○	F	12 4	12 7	102	51	3 +++	4++++	3+++	3+++	15 10 15 14 15 12 13	3+++
6	○○○ ○○○	F	12 3	15 0	123	65	4 +++	※5+++++	4++++	3+++	18 8 21 17 22 11 16	4++++
7	○○○ ○○○	F	12 3	14 2	102	51	3 +++	※5+++++	2++	③	12 9 19 19 14 11 14	4++++
8	○○○ ○○○	F	12 1	15 1	124	66	5 +++++	※5+++++	4++++	4++++	17 11 20 18 20 11 16	4++++
9	○○○ ○○○	F	12 1	13 0	108	55	4 +++	※5+++++	3+++	2++	17 6 19 18 16 13 13	4++++
10	○○○ ○○○	F	12 0	7 9	64	26	1 +	1+	1+	※3+++	4 2 16 13 7 5 8	2++
11	○○○ ○○○	F	12 0	13 1	117	61	4 +++	4++++	4++++	4++++	18 8 22 18 17 5 13	3+++
12	○○○ ○○○	F	11 11	15 0	126	67	5 +++++	※5+++++	4++++	4++++	15 10 21 19 24 11 16	4++++
13	○○○ ○○○	F	11 11	10 10	108	55	4 +++	4++++	2++	3+++	18 10 17 19 14 10 13	4++++
14	○○○ ○○○	F	11 11	9 4	82	36	2 ++	※4++++	1+	1+	14 ④ 12 18 7 5 5	2++
15	○○○ ○○○	F	11 10	14 5	121	64	4 +++	4++++	2++	※5+++++	14 7 25 19 18 9 13	5+++++
学級集計		平均(M) 標準偏差(SD)	12 2 / 15	12 6 / 10	103	52		60.1 / 10.7	48.0 / 10.6	47.8 / 9.9	14 8 17 15 15 12 12 / 3 3 3 3 4 2 3	

※その子のなかでとくに低い部分に注目する

62

になる子が出てくるかもしれない。そんな子をマーカーでチェックしておく。

③新田中B式では知能の特徴が3タイプに分けられ、それぞれ5段階で評価される。それぞれの子どもがどのような知能の特徴を持つかを評価点で調べる。A（記号的知能），B-1（空間的知能），B-2（精神速度）のそれぞれについて低い順、高い順にリストアップしていく。

書き込むうちに気づいてくる

㊙ **知能テスト補助シート**（例，6年生）　　新田中B式用
（○○○には名前が入る。番号は出席番号）

1．知能偏差値

〈低〉

○○○(女-10)	25
○○○(男-14)	36
○○○(女- 4)	38
○○○(女-14)	38
○○○(男- 4)	39
○○○(男-15)	39
○○○(男-13)	45
○○○(男-11)	48

〈高〉

○○○(女-12)	67
○○○(女- 8)	66
○○○(女- 6)	65
○○○(女-15)	64
○○○(女- 2)	62
○○○(女-11)	61
○○○(女- 8)	60
○○○(男- 1)	59
○○○(男-12)	59

2．知能のタイプ

Aタイプ（記号的知能）	B-1タイプ（空間的知能）	B-2タイプ（精神速度）

〈低〉

Aタイプ		B-1タイプ				B-2タイプ			
○○○(女-10)	1	○○○(女- 4)	1	○○○(女-12)	2	○○○(男-15)	1	○○○(男-10)	2
○○○(男-11)	2	○○○(女-10)	1	○○○(女-13)	2	○○○(女- 1)	1	○○○(男-14)	2
○○○(男-14)	2	○○○(男- 6)	2	○○○(女-14)	2	○○○(女-14)	1	○○○(女- 3)	2
		○○○(男- 9)	2	○○○(女-15)	2	○○○(男- 2)	2	○○○(女- 7)	2
		○○○(男-10)	2			○○○(男- 4)	2	○○○(女- 9)	2
		○○○(男-13)	2			○○○(男- 5)	2		
		○○○(女- 7)	2			○○○(男- 8)	2		

〈高〉

Aタイプ				B-1タイプ				B-2タイプ		
○○○(男- 6)	5	○○○(女- 9)	5	○○○(男- 1)	5	○○○(女- 1)	4	○○○(女-12)	5	
○○○(男- 8)	5	○○○(女-11)	5	○○○(男- 5)	5			○○○(女-15)	5	
○○○(男- 9)	5	○○○(女-12)	5	○○○(男- 2)	5			○○○(男- 6)	4	
○○○(男-10)	5			○○○(男- 3)	4			○○○(男-11)	4	
○○○(女- 6)	5			○○○(男- 8)	4			○○○(女- 8)	4	
○○○(女- 7)	5			○○○(男-12)	4			○○○(女-11)	4	
○○○(女- 8)	5			○○○(男-15)	4			○○○(女-13)	4	

7　集団式知能テストを活用する

＊この作業でも気づいたこと，気になったことをどんどんメモしていく。何度も子どもの名前を書いているうちにひらめくものがあるかもしれない。
　　　　　　　　④この作業を通じて気になった子どもの個人診断表をチェックする。

	◆日頃の印象と知能テスト結果の違いをチェックする
気になる子のチェック	◆普段から気になっている子どもの個人診断表をチェックする
	◆〈低い〉子の下位検査を調べ，得意なものをチェックする
低得点の子の個人内優位の部分を見つける	たとえばある女子（女－10，知能偏差値25）の場合，下位検査3は換算点が16で，彼女の下位検査結果では一番高得点である。この問題は図形を弁別し，スピーディに数値を書き込む問題で，瞬時の判断力，集中力，素早い作業能力，手先の器用さなどが求められる。こうした能力が彼女の中では相対的に高いことがわかる。
指導に活かす	
高得点の子のアンバランスにも注意	◆〈高い〉子がアンバランスに低い得点を取っている場合にも注意する（たとえば〈女－7〉の子の下位検査2など）

◇まとめ◇

　[集団式知能テストから読み取れるもの]　その他にも，集団式知能テストからさまざまなものが読み取れます。
　・クラス全体の子どもたちの知能偏差値の分布：高得点が多いクラスか，それとも平均的に分布しているクラスか，低得点が多いか——これによって授業のレベルをどのあたりに設定するかを見極めることができます。
　・クラスの知能特色：このクラスは数的・言語的能力，空間的把握力，精神速度のいずれにおいてすぐれているかを知ることができます。何かを説明するときに，言葉を使った方がよいか，図示した方がよいか，テンポの早いクラスかなどがわかります。
　・学年全体から見たクラスの子どもたちの知能上の特徴：学年全体と比較

してクラスの子どもたちのことを比較することができます。
- 数多く経験していくと，この集団的データからクラスの子どもたちの学業および行動上の問題を予測することができるようになります。
- 問題行動（たとえば，カッとなって友だちに乱暴するなど）の原因や背景を把握するのに役立ちます。子どもの問題行動の原因は，①心理的原因（親のしつけ，親子関係，家庭環境，教師との人間関係など），②発達的原因（知的発達や認知発達の遅れやアンバランスなど），③ ①と②の混じりあった原因，に分類されます。しかし多くの場合，①心理的原因のみでとらえられることが多いのではないでしょうか。近年LD（学習障害）やADHD（注意欠陥・多動性障害）のように，しつけの問題でも親子関係の問題でもない問題行動が少しずつ解明されてきました。その多くは知能テストに何らかの形であらわれているはずです（下位テスト得点のアンバランス，集中力や情緒コントロールを要する問題の低得点など）。

参考にした集団式知能テスト
『新田中B式知能検査』金子書房

Final Check

☐ コンピューターシートから手書きで子どもたちの名前をリストアップすることで，身近なデータにしていく。
☐ 補助シートに手で書き込むことで，日常理解している子どもの姿と知能テストにあらわれた子どもの姿のギャップに気づきやすくなる。
☐ 低得点の子・高得点の子，ともに知能テスト結果から指導上の手がかりを得ることができる。
☐ 問題行動の予測や原因解明にも知能テストは役立つ。

コラム2

■追憶・思春期前期■

　小学校高学年時代の私の心の中を吹きすさんだあらしの原因は何だったのだろうか。
　一つは，母から裏切られたように感じたことだ。物心のつく頃から母は病気がちであった。私はその母の傍らを離れず，下の世話までするけなげな子だった。同時にいつも母の死におびえていた。しかし，その母が大手術を受け，その後めきめき健康を取り戻しはじめたのだ。母の死を覚悟しながら，看病を続けてきた私にとってそのことは決して喜ばしいことではなかった。
　私にとっては母が別人のように思え，母もこれまでとは別人のように活発にふるまうようになったからである。私の困惑など意に介さず，PTAの役員をやり，私の担任だった教師に夢中になった。幼い頃から私が耐え続け，母のためにとやってきたことは何だったのだろう。私は母に対し，喪失のかなしみと怒りとが入り交じった感情を抱くようになった。
　その頃，自分の未来も見えなかった。当時私は工学少年だった。模型飛行機やラジオの製作に興味を覚えた私は帰宅後ほとんど友人と交わらず，あちこちから部品を集めては製作に熱中した。しかし部品といい，知識といい，あるところまでいくと必ず限界にぶつかるのだった。それらに関する学校の図書はすべて読んだ。しかしわからないことだらけだった。
　飛行機の主翼と尾翼の長さはどんな比が一番よいのだろう？
　知りたくともどうにもわからなかった。当時わが家にあるのは文学書が中心で，工学系の本など手に入らなかった。学校代表で出場した模型飛行機大会で，自分の飛行機が風にあおられて無残にも地面にたたきつけられたとき以来，私はそれらの趣味を一切やめてしまった。
　性に目覚め，罪悪感と，抑えきれない衝動とが心と身体の中で毎日のように闘っていた。
　私がそうした心のすさみから一歩脱却するのは，中学2年のときである。級長として，自習時間うるさかった一人の男の子を殴ったとき，思いがけず彼は泣きながら私に抗議したのである。
　「なんでおれだけ殴るのや！」
　——そのとき，不意に，私は悪夢からさめたように感じたのである。

III

気になる子・困った子への
かかわり方

Ⅲ 気になる子・困った子へのかかわり方

•8•
無気力な子

無気力の原因は何でしょうか。無気力な子がやる気を取り戻すために、教師は何を心がければよいのでしょうか。

［**無気力の二つのタイプ**］ 「やる気がない」「無気力が心配」といって相談室に連れて来られる（実際、嫌々あるいは渋々親のあとをついて来る子どもが多いのですが）子どもは、二つのタイプに分けられます。

一つは、勉強ばかりか、あらゆることに対して無気力状態になっている子どもです。かつて私は無気力ナンバーワンのような子どもに出会ったことがあります。F君、小学3年生の男の子でした。超肥満体です。学業不振、吃音、劣等感が強い、友だちがいない、いじめられる、偏食、夜尿……。お母さんは相談票のそんな項目にどんどん丸印を付けていきました。家庭では優秀な兄と妹に挟まれ、教育熱心な父親からいつも叱られている――そんな子でした。プレイルームに行くまでに、すでにため息をついています。新しい玩具を見ても楽しそうではありません。どっかり砂場の縁に腰をおろしたまま動こうとしませんでした。

しかしもう一つのタイプの子どもたちは、「無気力」という主訴で来たにもかかわらず、相談員とプレイルームで遊ぶときには生き生きとしています。このことを親に指摘すると「遊びのような、どうでもいいことには夢中ですが、勉強となると、とたんにやる気を失うのです」という答えが返ってきます。つまり、すべてに無気力なのではなく、勉強という、親がもっともやる気を示して欲しいと思っていることに対しては無気力なのです。

誰が、その子のどのような行動を指して「無気力」と言っているのか、をおさえることは、無気力問題を考えるうえで大切なポイントなのです。

●問題●

　もしあなたがＦ君の学級担任になったばかりと仮定してみてください。お母さんからＦ君の無気力について同様の相談を受けたとしたら，①Ｆ君の無気力の原因や背景をどのような方法で把握し，②Ｆ君の無気力行動にどのようにアプローチしていきますか。
　できるだけ具体的に箇条書きに記してみてください。

TRY　回答を書き込んでみよう

(1) 無気力の原因と背景の把握のために

(2) 無気力なＦ君へのはたらきかけ

○回答○

親からの情報収集	■無気力の原因と背景の把握のために ⑴親に尋ねてみること
「無気力」という言葉の意味するもの	・「無気力」という言葉で，どのような行動を指しているのか 　同じ「無気力」という言葉でも，親によって指す内容がかなり異なります。「ゲームや好きなことには夢中だが，そのエネルギーを勉強に向けようとしない」ことを「無気力」という言葉で言っている場合と，「学校から帰ると何もしないでごろごろしている」のを「無気力」という場合とでは，問題は異なるのです。これらの確かめが必要です。 ・無気力の原因について親なりに思い当たることがあるか
率直に尋ねる	まず率直に尋ねてみます。案外，親は率直に答えてくれるものです。ただし親の答えが原因のすべてとは言えません。これが原因だと単純に即断して親に説教したりしなめたりしないことが大事です。「他にも，もっと原因があるかもしれません。もう少し一緒に考えてみましょう」と，親と協力して原因を解明していく姿勢を伝えるのです。
「無気力」以外に気になる行動	・「無気力」以外に気になることや心配なことはないか 　F君の場合は，無気力の問題と並行して肥満，学業不振，吃音，孤立，いじめられ，偏食，夜尿など，多くの問題が生じていました。どちらかというとF君は身体化症状と非社会的問題行動になって出ていますが，子どもによっては，無気力と同時に家出，放浪，万引き，窃盗といった反社会的問題がともなう場合もあります。
友だち関係は多くの情報をもたらす	・友だち関係はどうか 　友だちと少しでも交わりがあれば，本人が親の知らない世

界で生き生きとしている可能性があります。その友だちを通して本人についての情報を得たり，本人へはたらきかけたりすることもできるでしょう。交わりがまったくない場合は，いじめ被害を受けていたり，孤立状態である可能性があります。

家庭でのエネルギー補充
- 家庭で心のエネルギーを吸い取られるような出来事はないか

家庭生活の中で心のエネルギーを充足されないばかりか，家庭不和，きょうだい比較，偏愛などで心が不安に満ちていたり，愛情飢餓状態になっていたりすると，気力はわいてきません。

オーバーワーク
- 1週間のスケジュールは

学習塾，進学塾，習いごとやけいこごとなど，学校以外にこなさなければならない社会的場面がいくつあるか，リフレッシュするための自由な時間はどのくらいあるか，睡眠はどれだけ十分とれているか，などの情報を得るようにします。オーバーワーク状態になっていれば，心身ともに疲労困憊し，無気力になるのは当然だからです。

学校でのポイント
(2)**学校でおさえておきたいこと**
- 授業中，休み時間，給食，掃除の時間など異なる場面での行動

Attention! 自己イメージが傷つくとき：その1

生まれたときに「どうせ，俺は頭が悪い」という自己イメージを抱いて生まれてくる子どもはいない。それなのに，小学低学年ですでにそう思い込み，やる気を失っている子どもがいるのである。「どうせ……」という自己イメージはどのようにして形成されたのだろうか。それは，その子に向けて発せられた言葉，眼差し，態度などによって形成されたのである。大人が子どもに向かって発する一言が，その子の一生を支配するともいえよう。

- その子に対する周囲の子の反応や態度
- その子の自己イメージ

□応用□　事例の理解と指導例

(1) F君の無気力の原因と背景

できない，という思い込み	F君のインテークの後，担任の先生と話し合う時間をもちました。「F君について一番気がかりなことは，何かをやる前から『自分にはできない』と思い込み，チャレンジしようとしないことです」と担任の若い女性教諭は語りました。その他，身体を動かすことを嫌い，休み時間も教室にぽつんといること，露骨ないじめはないと思うが，ときどきあまりの行動ののろさに級友のイライラした態度が見られること，以前は「デブ」とよく言われていて，クラス全体に注意し，以後は聞かれなくなったこと，などが語られました。
きょうだい比較	お母さんとの面接では，優秀な兄と妹とのきょうだい比較が気になりました。お母さんはF君の欠点ばかり語るのみ
プラスの評価の欠如	で，こちらが「F君の長所は？」と聞いたときには絶句したままでした。
心を萎縮させるはたらきかけ	「教育熱心」というお父さんのあり方にも問題がありそうでした。お父さんは人一倍F君のことを心配していることはよくわかりますが，どうもうまくF君には伝わっていないようです。というのも，毎晩のようにお酒を飲んで帰宅すると，寝ているF君を起こして説教が始まるそうです。F君はただおびえてちぢこまっているとのこと。これが，彼の吃音や夜尿にも関係していると思われました。

やる気がない→怒られる→さらに自信を喪失し無気力になる，という悪循環に陥っていたのです。

(2) F君の無気力の原因

①きょうだい比較やF君の実力を無視した家庭学習によっ

て，自信を失い，「どうせ俺なんて」というマイナスの自己イメージを抱くようになっていた。②親のF君を思う気持ちが裏目に出て，親からのはたらきかけに恐怖心を抱いたり，ひたすら逃れたいという気持ちを抱くようになっていた。③やる気についてF君の苦手な勉強のみにこだわるために，F君の他の能力が開発されないままになっていた。

(3) F君への指導例

無気力な子への指導例	①親に無気力の構造を説明し，不適切なはたらきかけをストップする。②F君の長所を発揮させ，大きく評価する。③級友との接点を作り，クラスのメンバーとして活躍の場を与える。④F君の変化をF君自身と両親にフィードバックする。
私が実際に行ったこと	実際に教育相談室で私が行ったことはこんなことでした。①大きな画用紙に絵を描く：F君がSLが好きなことをやっと聞き出した私は，思いっきり大きなSLを描くことを提案しました。A3判の画用紙を5枚張り合わせたものに（かなり手伝いながらでしたが）何日もかかって少しずつ制作したのです。完成したとき，私はその作品を相談室の壁に貼り，その前でF君と記念撮影をしました。その写真はF君の両親に，大きな衝撃を与えたようです。②キャッチボール：少しでも身体を動かすようにとはじめたキャッチボールでしたが，学級担任と級友の協力により，クラスのチームのキャッチャーのポジションを得ます。以後「ドカベン」とみんなか
F君の変化	

Attention! 自己イメージが傷つくとき：その2

子どもの心身の半分は父親から，半分は母親からのものである。たとえ両親がその子に対しては愛情を注いでも，父親が母親を傷つけたり，母親が父親を軽蔑したりすれば，子どもの中の父親からの部分，母親からの部分は傷つくのである。こんな傷つけ方に親は気がつかないことが多い。

らよばれ，クラスの一員として活躍を始めます。③柔道：高学年になると警察の少年柔道教室に通うようになり，身体も引き締まり，中学では部活動で大活躍しました。

◇まとめ◇　もう一つの「無気力」について

これまでは，冒頭にあげた二つのタイプのうちの一つ，何事に対しても無気力な子どもについて考えてきました。ここではもう一つのタイプ，すなわち親や教師が望むようなことには意欲を示さないが，遊びなどそれ以外のことには結構エネルギッシュな子どもの場合について考えてみましょう。

その子の偏った意欲の発揮の原因や背景を解明する方法は，とくに変わるわけではありません。前述の方法でよいと思います。さまざまな事例からわかることは以下のことです。

［子どもの側の要因］

- 幼い頃から好き嫌いがはっきりしていて，苦手なものは避けるという行動パターンが身についている。
- 行動や思考に柔軟性が欠け，苦手と思い込んだらその行動や考え方を容易に変えようとしない頑固さがみられる。
- 苦手なものを克服したという克服体験が乏しい。
- 苦手なものに取り組んだ結果，みんなの前で恥をかくことを極端に恐れている場合もある。
- うまくやれて自信のある領域と，まったく自信のない領域の差が著しく，不安定な自己イメージを抱いていることが多い。
- 苦手なことに取り組むためには多くの心的エネルギーが必要だが，何らかの事情で十分に心的エネルギーが補充されていない。

［親の側の要因］

- 親の側が，「勉強だけが大事」と，子どもの能力や能力の発揮について狭い考えにとらわれており，勉強以外に発揮している諸能力を無視したり，うまく評価できない状態にあることが多い。
- 養育の過程で，子どもの行動と思考の固さに親の方も手をこまねいてき

た歴史がある。
- 嫌なこと，苦手なことでも子どもの心をつかんで上手に励ましながらスモールステップなどでやらせるという，柔軟なはたらきかけ方法を親自身が知らないことが多い。
- 家庭のなかに楽しさやハプニングなどが欠け，生真面目すぎたり，窮屈であったりして，家全体が活力を失っている場合がある。

［教師としてのかかわり］
- 子ども自身に得意なもの苦手なものを表現させ，なぜ嫌いになったのか，なぜ苦手なのか，なぜ得意なのか，などを明確化していく。
- 苦手なもの3，得意なもの7くらいの比重で，課題などに取り組ませていく。苦手なものは数多く与えない。少なく与え，達成したらまた課題を出すなど，意欲を保ちながら取り組むように配慮する。評価も大きく，はっきりと行う。
- 小さな克服を見逃さず，言語化してやる。「今日は，算数にしっかり取り組んだね」などと。
- 得意なものの領域拡大をサポートする。ゲームからパソコンへ，など。

Final Check

□無気力には，あらゆることに対しての無気力と，限られたことにはやる気を示すが，肝心の勉強には無気力，という二つのタイプがある。この違いを考慮に入れた指導が大切である。
□無気力には必ず原因や背景がある。それを丁寧に明確化していく。
□プラスの自己イメージを与え，自信や達成感を体験し，それを評価していくことが無気力な子へのかかわりのポイントである。
□子どもの自己理解を促し，やる気がわかない理由を言語化させていく。

Ⅲ 気になる子・困った子へのかかわり方

・9・
学校でしゃべらない子

場面緘黙は教師が一生懸命になればなるほど悪化してしまうことがあります。親との共通理解も難しいものです。

家では普通にしゃべるが、教室では一言も言葉を発しない——こうした問題は「心因性緘黙」「場面緘黙」「選択性緘黙」などとよばれます。しゃべらない＝無言症状が小児自閉症や重度の知的遅滞など発達的原因によるものに対して、心理的原因によるものを「心因性緘黙」とよび、いかなる場面でもしゃべらない全緘黙に対して、学校など限られた場面でしゃべらない状態を「場面（選択性）緘黙」とよびます。主に教室で問題になるのは、この場面緘黙が多いのではないでしょうか。

なぜこうした場面緘黙が生じるのか原因はいま一つ明確ではありませんが、自分の自我を守るための一種の防衛反応であることは確かです。子どもによって、①社会的経験が少ない、②家の内側で展開される生活と家の外側の社会とで大きな落差がある、③問題に対処する解決能力が未発達、④家族以外の他人に対して警戒心や不信感が強く過剰に構えてしまう、⑤親も対人不安が強く社会的モデルが弱い、といったさまざまな背景があげられます。こうしたものが複合して生じる成長途上の問題行動なのです。

集団生活を基本とする学校生活では「授業に参加しない」「意思疎通がはかれない」「行動が鈍い」など指導上の問題が生じます。家では普通に会話するため、保護者との問題の共有も難しくなるときがあります。

場面緘黙だった子どものほとんどが成長過程のどこかで問題が消失していくのですが、現在進行形の場合には、指導上どのような工夫が必要なのでしょうか。

●問題●

　もしクラスに緘黙児がいたとしたら，まず次のようなアプローチが考えられます。(1)緘黙の程度を把握する，(2)緘黙以外の問題行動を把握する。

　これらのアプローチの際のおさえるべき留意点は何ですか。それぞれの場合についてあげてみてください。

回答を書き込んでみよう

(1)緘黙の程度の把握（査定・診断）の方法と留意点

(2)緘黙以外の問題行動の把握について

○回答○

(1)緘黙の程度の把握（査定・診断）の方法と留意点

緘黙の程度をつかむ	その子の緘黙の度合いを把握するには次のようなポイントがあります。

①緘黙の範囲はどれくらいか

〔場所による差〕

どんな場面でしゃべらないか	・学校では一切しゃべらない。 ・教室ではしゃべらないが，教室以外ではしゃべる。 ・学校を一歩出るとしゃべりだす。 ・家でのみ友だちとしゃべる。

〔活動による差〕

言葉以外の問題行動は	・授業中は何を聞かれても発言しないが，授業以外（遊び場面などで）は少ししゃべる。 ・しゃべる課題には応えないが，しゃべる必要のない課題は他児と同様に取り組む。

〔相手による差〕

相手によって差があるか	・先生にはしゃべらないが友だちとはしゃべる。 ・友だちとはしゃべらないが，先生とはしゃべる。 ・近所の年少の子とはしゃべる。 ・同居の親，祖父母，きょうだいにのみしゃべる。

②緘黙の状態

緊張の度合いは	・全身が緊張しロボットのように立ったまま動こうとしない。 ・一切口を開こうとせず，給食も食べようとしない。 ・排尿，排便も自ら動こうとせずに失敗する。 ・自分から動こうとはしないが，押されたり，手をひっぱられたりすると応える。 ・しゃべらないが表情豊かである。

- 言葉以外のはたらきかけ（例：ボールを投げる）に動作で応える。

私の方法　　　　私は相談室に来た緘黙児に対して，男子の場合，まずゴムボールを投げてみます。「行くよ，ほらっ」と。そのとき，ボールをキャッチすれば，まあまあです。こんどは「先生にボール！」と言って投げ返させます。このボールのやりとりができるかどうかをまず目安にするのです。子どもによってはボールをキャッチしたものの投げ返さず，ポトリと床に落としてしまう子もいます。こんなちょっとした方法で緘黙の状態をつかむのです。

(2)緘黙以外の問題行動の把握について

緘黙以外の問題行動をおさえておくことが必要です。

知的発達のおさえ　①知的発達：知的に遅れがあると，思い込みの修正が困難です。また，はたらきかける際に，多様な方法を使えません。

言語環境のおさえ　②言語環境：親も寡黙だったりする例もあります。また，家庭の中に心理的緊張や葛藤が存在し，気軽にしゃべれない環境だったりもします。

いじめ　　　　　　③問題行動：いじめ，不登校，学業不振などその他の問題行動が生じていないかどうか，確認します。

Attention!　緘黙児は頑固？

緘黙児の中には，笑いたくて仕方がないのに，笑いを洩らすまいと必死の形相でこらえている子がいる。「自分は人の前で表現しない子だ」という自己イメージを何としてでも守ろうとするのである。頑固としかいいようのない面が見られるのだ。こうした頑固さに対して，頑固な指導を試みることは不毛である。「何とか口を開かせる」と固い意志で取り組めば取り組むほど，相手の意志も強固になってしまう。たとえば，山羊を鼻面から引っ張ろうとすれば，足を踏ん張って抵抗するだろう。そんなときは，軽くお尻をたたいてやると前に歩み出す。この感じである。

□応用□　緘黙児への指導のポイント

(1) しゃべらせようとこだわらない

こだわりのない指導

　しゃべらなくともほほえむ，うなずく，笑う，受け取る，手わたすといったノンバーバル（非言語的）な表出が見られるときには，しゃべらすことにこだわらないことが指導のコツです。こちらからノンバーバルなはたらきかけを軽く行ってみるのもよいでしょう。

指導のアイデア

- 教材を運んでもらう。
- 机の片方を教師が持ち，もう片方を緘黙児に持たせ共同作業する。
- 二人で同じ方向を向いてする作業を行う（壁面の飾り付け，ペンキ塗りなど）。
- 「おしくらまんじゅう」のように思わず歓声が出るような遊びを行う。

(2) 重度な場合は安心させ，信頼感を育む

重度児へはまず安心感を

　子どもによっては緘黙の度合いがきわめて強い場合があります。「突っ立ったまま動かない」「能面のように表情も乏しく，体育や音楽はもちろん，給食も食べようとしない」などの問題が見られる場合です。そんなときには，少しでも安心し，信頼してもらうように心がけるほかありません。「いま，君の前にいる私は決して君に危害を加えないよ」「もっとリラックスしてもいいんだよ」「失敗したからといって恥ずかしいことなんかないよ」と，わかってもらうようこちらが根気強くかかわるのです。

　まず先生，そしてクラスメート，教室，学校……と，その子の心が開いていくのを待つのです。

(3) 緘黙以外の部分を大きくしていく

緘黙以外の部分

　緘黙という問題にとらわれすぎず，それ以外の部分を豊か

に拡大していくことも大事です。「絵が上手」「飼育動物にやさしい」「やることが丁寧」……。何でもしっかり評価していくのです。しゃべるという点ではいま一つでも，その他の面で光り輝くことで相対的に緘黙問題を小さくしてしまうのです。

(4) 遊び心を用いた指導例

指導事例：台本を用いて　　①本は小さな声で読めるが，対面してはしゃべれない，という小学6年の女子でした。私は，劇の台本を使って"対話"しようと考えました。二人で同じ方向を向いて椅子に座り，『夕鶴』を演じたのです。劇の上だけでも対話するうちに，相対しての会話がいつのまにかできるようになりました。

描画を用いて　　②かなり重度の小学2年の男子。彼の手に1本のクレヨンを持たせました。「それで線を引いてごらん」。おずおずとですが1本の線を彼は引きました。今度は私がその線と交差するように別の色で1本の線を引きました。次に，彼に色を選ばせて私の線と交わるように引かせます。こうしてクレヨンで交差した線が多数描かれ，まるで織物のような作品が仕上がりました。画用紙の上で"対話"した経験が，言葉での会話につながっていったのです。

Attention!　緘黙児は観察の人

　　緘黙状態の子どもが実によく人を観察していることは，さまざまな事例で報告されている。教師の服，表情，周囲の子どものふるまい……。そうしたものを意外と冷静に観察して親に話したりするのである。言葉をしゃべらないとついこちらは見られていることを忘れてふるまいがちなのだが，緘黙児こそは厳しい観察者であることを，十分意識して行動した方がよいだろう。「あの先生は服のセンスが悪い」なんてきつい批判も家では結構言っているのである。

◇まとめ◇

[親とのかかわり]　緘黙児の指導にあたって，親と足並みが合わなくなることもあります。学級担任の方はしゃべらないことによるコミュニケーションのズレや学業の遅れ，友だち関係の困難さなどを心配しているのですが，親の方は，家では普通に話すためさして問題に感じていない場合があるのです。「家では問題ありません。普通にやっています」――こんな答えが返ってくると，これまで悩んだり指導上工夫してきたりしたことは何だったのか，と徒労感にすら襲われます。教師側があまりにもその子の問題を強調すると「問題児扱いをしている」と逆に非難されかねません。

そんなときは「おうちでは元気にお話しするとうかがって，安心しました。なぜ，おうちと学校で差が出てしまうのか，そのあたりに〇〇さんの心を理解するヒントがあるようです」と親に協力を求めて，①近所の子どもとはしゃべるか，②お母さんと一緒のとき同級生と会ったりしたときにはどうか，など，学校外での言葉の表出状態について調べてみるのも指導のヒントにつながることでしょう。

お母さんに家でおしゃべりしている様子を録音してもらい（この場合は子ども本人も積極的だったそうです），クラスで流したケースもありました。それを聴いた子どもたちは大喜びをし，「しゃべらない子」というイメージが変わっていき，いつのまにか話すようになった子もいました。

[緘黙といじめ，不登校の関連]　かつては緘黙といじめや不登校の問題はそれぞれ独立に存在していました。ある子が緘黙状態でも周囲の子どもたちはしだいに慣れていき，それなりの学校生活を送っていたものです。しかし近年，緘黙が原因でいじめられる，あるいは不登校になるといったケースが増えてきました。一つの問題行動がさらなる問題を引き起こすようになったのです。

こんな場合には教師の姿勢が大切です。ある子の緘黙行動に「しょうがない」「手がかかる」といった気持ちでかかわると，クラスの他の子どもたちはそうした教師のちょっとした表情や態度を見逃しません。いじめのお墨付きをもらったような気持ちで，「しゃべらない子」→「先生の手をわずらわす悪い

子」→「だからいじめられても仕方がない子」といった図式が成立してしまうのです。

　「○○君はみんなといっぱいお話ししたいと思っているんだよ。みんなもいろんな方法で○○君と交信してごらん」と子どもたちの創意工夫の心を刺激してもよいでしょう。

　大人である私たちは言葉によるコミュニケーションに多くを負っていますが、子どもたちは案外しゃべらなくとも不自由しないものです。休み時間になると緘黙児と一緒にどこかへ行ったかと思うと、緘黙児の気持ちを上手に聞き出してくる子どもがいました。担任がその子に気持ちを聞き出す方法を尋ねてみて感心してしまいました。その子は緘黙児と一緒にトイレへ向かって歩きながら、五択法や三択法で質問するそうです。緘黙児の方はその子の指に触って回答する、そんなコミュニケーションを行っていたのです。

Final Check

- □ 場面緘黙は自我を守る防衛反応の一つである。
- □ 重度になると全身に筋緊張が見られ、歯を食いしばって食事を拒むこともある。
- □ 場面による緘黙の度合いの差を把握する。
- □ 知的障害を持つ場合は改善が難しくなる。
- □ 「しゃべらせる」ことにこだわらないのが指導のコツである。
- □ ノンバーバルなコミュニケーションを活用する。
- □ 緘黙以外の長所を膨らませていく。

Ⅲ 気になる子・困った子へのかかわり方

・10・
盗みをする子

家から金品を持ち出す，万引きや盗みをする——こうした問題の背後にどのような心が隠れているのでしょうか。

柳田國男は，『こども風土記』の中で，子どもの盗みについて（「盗み」といっても金品の盗みではなく，食物の盗みです。柳田は「盗み」という言葉ではなく「悪戯」という言葉で語っているのですが）こんなことを書いています。

昔はどこでも「八月十五夜の団子突き」という子どもの悪戯があったそうです。細い長い竹竿を垣根の隙間からそっと差し入れて，縁側のお月見団子を取っていく悪戯です。しかしこれを「泥棒」と角立てる家はなく，笑いながら代わりを補充したといいます。さらに，「十五夜団子は盗まれるほどよい」と言ったり，その盗んできたのをもらって食べると，何かのまじないになるという人さえあったといいます。柳田はこれに似た別の習慣を紹介しながら，子どもはおそらく狩猟のような気持ちでその冒険味を楽しんだのだろうと書き，「取られる側からいうと一種の豊富感，余って誰にでもやりたいという幸福を味わいたい際なのだから，相手が容易に悦ぶ子どもならば，なおのこと取らせてやりたかったであろう」と書いています。

わが国で貨幣経済が津々浦々にまだ十分広がってはいなかった頃の，貧しくはあったが心豊かな，なんだか心をあたたかくさせるようなエピソードではないでしょうか。しかしいま，「子どもの盗み」と言ったとき，放ってはおけない子ども心の飢餓や非行や犯罪につながっていく兆候を私たちは感じます。物質的には柳田が描いた時代よりもずっと豊かになっているはずの現代で，「子どもの盗み」は何を私たちに訴えているのでしょうか。

●問題●

　小学生の盗みには，①友だちの持ち物（おもちゃ，文具など）を盗む，②学校の備品を盗む，③親の金品を盗む，④教師の金品を盗む，⑤万引きする，⑥学校や家庭外で盗みをする，などのタイプが考えられます。

　そうした問題が生じたとき，指導上把握しておきたい情報は何ですか。すべてのタイプに共通する情報と，それぞれのタイプで必要な情報とに分けてあげてみてください。

TRY 回答を書き込んでみよう

(1) **あらゆるタイプの子どもの盗みに共通な情報**

(2) **タイプ別情報**
① 友だちの持ち物を盗むタイプ

② 学校の備品を盗むタイプ

③ 親の金品を盗むタイプ

④ 教師の金品を盗むタイプ

⑤ 万引きタイプ

⑥ 学校や家庭の外で盗みをするタイプ

○回答○

共通な情報	(1) **あらゆるタイプの子どもの盗みに共通な情報**
	・いつ，どこで，何をどのくらい盗んだか。
	・盗ったものの処分の仕方。
	・単独で行ったか，集団か。
単独／集団 単発／繰り返し 偶発的／計画的	・単発で生じたことか，これまで何度も繰り返されたことか。
	・偶発的，衝動的な盗みか，周到に計画された盗みか。
	・盗みが発覚したときの本人の態度は（素直に認めた，否認した，他児のせいにした，など）。
	・事の重大さをどれだけ意識しているか。
	・本人は罪意識をどれだけ感じているか。
	・保護者の受けとめ方はどうか（両親の受けとめ方の差，無関心の度合い）。
	・本人および保護者，その他の関係者の事後処理の仕方はどうか。
その他の気になること	・その他の最近の気になる行動は。
	・クラスでの行動は。
	・家庭的背景は。
	・生育歴は。
	(2) **タイプ別情報**
	①友だちの持ち物を盗むタイプ
人間関係	・被害児とはどのような関係か。
	・見慣れないものを持っていることに親は気がついたか。
	・盗みが発覚した後，被害児や級友との関係は。
	②学校の備品を盗むタイプ
親の態度 友だちの態度	・学校のものであることに親は気がついたか。
	・級友は盗みに気づいていたか。

- もし気づいていた場合には，級友のとった態度は（あおりたてた，注意した，見てみぬふりをした，先生に知らせた，など）。

③親の金品を盗むタイプ

- 金品はどのように管理されていたか。
- 親はいつの時点で盗まれたことに気づいたか。

いじめをチェック
- 金品処分に関して脅されていたり，いじめを受けていたり，たかられていたりした事実はないか。
- 親との関係は。
- きょうだいとの関係は。

④教師の金品を盗むタイプ

- 金品はどのように管理されていたか。

背後にどんな気持ちが
- 金品処分に関して脅されていたり，いじめを受けていたり，たかられていたりした事実はないか。
- 教師との関係は。

⑤万引きタイプ

- その店の物品管理状況はどうだったか。
- 日頃の本人とその店との関係は。
- 店の関係者や警察などの対応はどのようなものだったか。
- 店の関係者や警察などへの本人の態度は。

Attention! 「借りただけ」？

　自転車の乗り捨てなどをする子は，よく「借りただけ」と言うことが多い。しかし見知らぬ人の物を断りなく「借りる」のは立派な窃盗なのである。そのことをしっかり伝える必要があるのである。

　また，学校として校区の中学校や防犯協会，警察とも協力して，放置自転車の一掃をはかることも必要である。盗みのモデルがあちこちで子どもの目に触れることは，罪意識の希薄化を招くだけだからである。

10　盗みをする子

- 見慣れないものを持っていることに親は気がついたか。
⑥学校や家庭の外で盗みをするタイプ
- どのような形態の盗みを行ったか。

盗み以外の行動にも注目
- 家宅侵入，器物破損など他に違法行為を行っているか。
- 被害者との関係は。
- 見慣れないものを持っていることに親は気がついたか。

これらをおさえておくことで，その子の心にそったはたらきかけが可能となるのではないでしょうか。

□応用□　盗みの事例

不登校と盗み

　小学5年の男子。H男。4年生の中頃から不登校状態だったが，教育相談に熱心な校長先生のはたらきかけが実り，校長室登校までたどりつく。校長室では自ら勉強したり，校長先生の手伝いをしたり，これまで不登校とは思えなかったくらい積極的にふるまう。そのことを校長室を訪れる誰もが（励ましもこめて）ほめたりするが，教室へ戻ることだけは拒み続ける。そうした誘いがあった翌日はかならず休み，校長先生自ら電話して，また登校が再開される。

いい子であることの重荷？

　校長室にいる限りH男は優等生である。自ら来客にお茶を出したり拭き掃除をしたり……。教師たちはみんな「あれで教室にさえ戻れればなあ」と複雑な気持ちだった。ところが新たな問題が発生したのである。校長室のコートかけにつるされた校長先生の衣服に入っていた金がなくなったのである。

　すぐにH男のしわざだと判明した。H男もあっさり自分がやったことを認めたのである。しかしH男は同様の窃盗行動をその後3回も繰り返したのである。

無表情と一方的関係

〔H男の背景〕　相談室に連れてこられたとき，H男はとくに悪びれているわけでもなかった。幼さと硬さが入り交じった無表情な顔つきで，プレイ後の玩具のかたづけなど一方的

な行動はよくやるが，肝心の相互的なプレイ（やったり，やられたりといった）はなかなか盛り上がらない子だった。かかわりの難しい子という印象だった。

両親の不仲が自己イメージに与える影響

H男の盗みの背景がおぼろげながら明らかになったのは母親面接でこんなことが語られたからである。母親も父親も一人っ子のH男を可愛がっていたが，両親の仲は冷えきっていた。母親は毎日1回は必ずH男に向かってこう言っていたという。「お母さんはお父さんのこと大嫌いだけど，あなたは好きになってね」と。

このメッセージはH男の心を身動きできなくさせたのではないだろうか。父親が母親の前で，H男にやさしいことを言うと，H男はどうふるまってよいかわからずに，緊張で身体が硬く固まってしまったという。何よりも，父母それぞれに愛されながらも，自分の身体の中にある父からの部分と母か

否定される存在

らの部分を，母によって，父によって否定されるという，きわめて矛盾した不安定な状況のもとに，H男の自己イメージは大変傷ついていたのではないだろうか。校長室で先生方からほめられると，否定的な自己イメージとの間に大きなギャップが生じ，そのギャップを埋めるために盗みという否定的な行動を繰り返していたのではないだろうか。

Attention!　盗みへの大人の態度

教師が家庭訪問すると，その子の部屋に学校の名入りの時計や温度計などがぶらさがっているのに気づくことがある。明らかに盗まれた学校の備品である。にもかかわらず，親の方は気づいているのか気づいていないのか，まったく平気でいる場合があるのである。

経済的に何不自由ない家庭であるのに，そうした盗みが平然と行われてしまうのはなぜだろうか。盗みへの大人の感覚や態度が，現代では鈍くなっているのではないだろうか。

◇まとめ◇

［盗みの原因］　子どもの盗みには次のような原因と背景が考えられます。

①金品を得たいための盗み

物や金を得る目的での盗み。罪悪感の希薄さ，衝動コントロールの未熟さ，親の放任的育児態度，家庭的困窮などが背景にみられます。

②欲求不満の代償としての盗み

満たされない心を代償的に満たすための盗み。愛情飢餓，親の偏愛，窮屈な心理的環境，正論でわが子を責める親，などが背景に。ニイル（イギリスの教育家）の「親の金を盗む子は，親の愛情を盗んでいるのだ」という言葉が思い浮かびます。

③好奇心からの，あるいはスリルを感じたいための盗み

遊び感覚の盗み。罪悪感の希薄さ，自己イメージの低さ，社会的判断力の弱さ，他に充実を感じるものの欠如などの背景が考えられます。

④周囲の関心を引くための盗み

友だちの関心を引くためと親の関心を引くための二つの場合がある。短絡的思考，衝動コントロールの弱さ，人との結びつきの危うさ，自信のなさ，自己表現の未熟さ，などが背景に考えられます。

⑤複合型

①〜④のさまざまな原因が入り組んだもの。問題がこじれ，盗み以外の問題行動（脅し，暴力，いじめ，小動物などへの残虐行為など）も同時に生じている可能性があります。

［盗みへの指導］　「人の物は盗ってはいけない」。これは古来から伝わる大切なルールです。しかし，物が豊かになればなるほど，こうしたルールが人の心に希薄になってきました。軽い気持ちで傘や自転車を盗むなど，大人が悪のモデルを示してはいないでしょうか。また，他人のものを勝手に触ったりいじったりすることもいけないことであると，子どもにしっかり教える必要があります。親が買い与えないものを「友だちから預かった・借りた」と言って持っている場合などは，きちんと確かめることを親に伝えます。ときどき「わが子を

疑うことはしたくない」とわが子の問題との直面を回避する親がいます。親をだませたと子どもが感じたとき，子どもの行為はさらにエスカレートしていくでしょう。わが子が罪人になる手前で救うのが親の役割なのです。

　また，盗みの背景にはさびしさ，不満感，劣等感，自己不全感，自信のなさなど，さまざまな心が隠れています。こうした心の危機のサインが盗みでもあるのです。盗みの現象面だけにとらわれず，背後にある問題の解決にも心を配ることが大事です。

　盗みが生じた後の事後処理がいかになされるかもきわめて大切な問題です。親が真剣に詫びる姿を見て「もう二度としない」と思う子どももいます。「金さえ払えばよい」という親の態度に，さらに心がすさむ子どももいます。教師として，事後処理の大切さを親にもきちんと伝えたいものです。

● Final Check

□ 何を誰から盗むかによって，子どもの盗みはいくつかのタイプに分けられる。また盗みの原因と背景もいくつかに分類される。

□ 盗みの背後にある状況はさまざまに異なるために，情報をしっかり把握することが大切である（これらの情報収集はあくまで行動の理解と今後の指導のために行うものであり，"取り調べ"とは異なるものである）。

□ 指導にあたっては親との連携が欠かせない。事の重大さを自覚させ，背後にある心理的問題を取りのぞく。大人の事後処理の仕方も大切なモデルとなる。

Ⅲ　気になる子・困った子へのかかわり方

・11・
落ち着かない子

教室から"蒸発"してしまう子がいます。じっとしていることができずに授業をかき乱す子の問題も深刻です。

　［教室から蒸発する子］　私が教育相談の中で，はじめて「教室から蒸発する子」に出会ったのは20年ほど前のことです。小学3年のA君がときどきふらっと教室からいなくなるというのです。担任の先生が他児の指導をしている間に，どこへとも告げずに出ていってしまうのです。友だちとのトラブルといったはっきりしたきっかけはありません。自閉症や知的発達遅滞といった障害を持った子でもありません。

　担任が校内中を探し回ってやっとA君を"発見"します。音楽室の楽器棚の中やトイレの用具入れのロッカーの中など，不思議なところにA君はちぢこまって隠れているのです。見つかるとニコニコして悪びれる様子がまったくありません。先生と二人で教室に戻って来るときには自分から先生と手をつないできます。まるで「かくれんぼ」を楽しんできたかのように。

　カウンセリングの中で，A君の母親は夫の女性関係でほとんどノイローゼ状態であることがわかりました。子どもに気配りする心のゆとりがなくなり，心労のために顔面にけいれんが生じていたA君のお母さんを思い出します。

　A君の場合には，学校長をはじめ全校の先生が気の毒に思い，言葉かけをたくさんしたり，一緒に遊んだりと，彼のさびしい心を少しでも満たすようはたらきかけた結果，「蒸発行動」はなくなりました。いま考えるとA君の問題がまだきわめて少数派だったため，学校としても十分な対応ができたのだと思います。しかし20年後のいま，事態はどうでしょうか。A君のような子どもが何人もいる，というクラスがいたるところにあるのではないでしょうか。

●問題●

　B男（小学4年生）は授業中飽きてくると身体をもぞもぞ動かしはじめ，周囲のあらゆることに注意を奪われます。教室の外から選挙の宣伝カーの音がすると，「せんせい，選挙来たよー」と叫んだり，前の席の子の髪の毛に消しゴムのかすを吹きつけたりします。きょろきょろと見回していたかと思うと，はるか離れた席にいる似たようなタイプの子と大声で，二人だけに通じ合う隠語のようなもので話し合ったりします。注意すると，ほんの一時だけ神妙にするのですが，すぐまた同じようなことを繰り返します。

　勉強の方は，字の書き方など雑ですがまあまあの点数をとります。それなのにどうして授業中にこれほど落ち着きがないのか，学級担任にはさっぱりわかりません。

　落ち着きのない子にはさまざまなタイプがありますが，まずこの事例をもとに，落ち着きのない子の指導方法について考えてみましょう。

TRY　回答を書き込んでみよう

- あなたが，B男の学級担任だったら，とりあえず指導上どのような工夫を試みますか。

- 長期的な指導のために，どのようなはたらきかけを行いたいと考えますか。

○回答○

(1)指導の工夫

座席の工夫　　①Ｂ男の座席の位置への配慮。Ｂ男は音刺激や視覚刺激に容易に反応しやすい状態と考えられる。それゆえ、できるだけ学習以外の刺激が入らないような注意集中しやすい場所をＢ男の座席とする。たとえば一番前の廊下側の席。目の前には先生と黒板しか見えず、窓の外からの刺激も入りにくい。

刺激の工夫　　②Ｂ男の座席周囲からできるだけ気が散りそうな刺激を排除する。教室の一部分が殺風景になるかもしれないが、Ｂ男の前方や側方の壁などには子どもの作品やポスターなどを貼らないようにする。またＢ男の周囲にはＢ男の言動に容易に反応しないような落ち着いた子を配置する。

他児への指導　　③Ｂ男に呼応して落ち着きなくふるまう他児への指導。教師の目が届きやすく友だちの姿など視覚刺激が必要以上に入らない前方の席に移す。かつ、Ｂ男が少しでも落ち着いて授業を受けられるように協力を求める（少しでも問題の軽い子どもの方の「大人心」にはたらきかけるのである）。

行動改善目標　　④Ｂ男自身へはたらきかける。Ｂ男に授業中の自分の行動を振り返らせ、行動改善目標を立てさせる。たとえば、「授業中、大声を出さないようにする」「身体を動かさないようにする」「友だちにいたずらしない」など。それらを表にし、毎日の達成度を一緒に検討する。

(2)長期的な指導のために

原因の究明　　①Ｂ男の落ち着きのなさの原因を明らかにする。ADHD（Attention! を参照）のような、何らかの障害によるものか、それとも、心理的理由によるものか、それらの混合か、をある程度おさえる。そのために親から生育歴を聞いたり、前担任や就学前に在籍していた幼稚園などから情報を得る。

幼い頃の言葉や行動の発達に関して，親が育児上心がけたこと，心配だったこと，しつけづらかったことなどをできるだけ具体的に聞いてみる。また，以前も同様の行動があったか，その状態はいまよりひどかったか否か，などを関係者から聞く。こうしたプロセスを教育相談所などの協力のもとに行うのも一方法である。

親と協力　　②親と問題を共有し，もし心理的原因が見つかれば（家庭が窮屈すぎる，塾通いなどでオーバーワーク気味である，しつけがほとんどなされない等々），その改善方法を一緒に考える。ADHDのような器質的障害が考えられる場合には，教育相談所などと相談し，適切な医療機関を紹介してもらう（できれば，学級担任も学校での様子などを話しながら相談できるところが望ましい）。

自己イメージを高める　　③B男の自己イメージを高めるはたらきかけをする。落ち着きなくふるまう→叱られる→自己イメージが低くなる→「どうせ，僕なんて」という気持ちで問題行動を頻発させる，という悪循環を断つために，B男の得意分野を引き立てるような指導を工夫する。

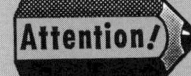

Attention!　ADHD（注意欠陥・多動性障害）：その1

最近ADHD（Attention-Deficit/Hyperactivity Disorder）が話題となっている。不注意の診断基準としては，①学業などに綿密に注意することができない。不注意な過ちをおかす，②課題や遊びなどに注意を集中することが困難である，③話しかけられても聞いていないように見える，④指示に従えない，⑤順序立てて課題や活動をやることが困難，⑥精神的努力の持続を要する課題を避ける，⑦必要なものをよくなくす，⑧外からの刺激によって容易に注意がそれる，⑨毎日の活動を忘れてしまう，があげられている。多動性の診断基準としては，①手足のそわそわ，椅子の上でのもじもじ，②教室で席を離れる，③過度に走り回る，高い所にのぼる，④静かに遊ぶことができない，⑤じっとすることができず，エンジンで動かされているように行動する，などがあげられている。

□応用□　さらに困難なケース

暴言や暴力がともなう子

　小学5年男子，C男。落ち着きのなさに加えて暴言や暴力がみられる。個別的知能テストWISC-RでIQ81。授業中は教科書，ノートを自分から出すことがない。片時でもじっとしておれず，一人で関係ないことをしゃべりまくっていたり，間違った答えをした級友を怒鳴ったりする。ほとんど授業内容には集中せず，家から持ってきた文鎮やドライバー，カッターナイフ，ペンチなどでいたずらしている（これらの道具を何度とりあげても，また新しいものを持ってくる。最近ではライターや点火器などを持ち込むようになった）。教師の制止にもかかわらずふらふら立ち歩く，「目が合った」「俺を馬鹿にした」など難癖をつけ，男女の区別なく顔面にパンチしたりする。個別指導すると，よく泣く。すぐ感情が激して「俺なんか，いない方がいいんだ」「これから自殺する」など叫び，ベランダに駆け寄ろうとしたり，身を乗り出したりすることもある。

親たちの不安

　最近では他児（とくに女子）の保護者が，安心して子どもを学校に預けられない，と学校長や教育委員会に訴え，緊急に対処せねばならない事態となっている。

　【ケースの検討】　両親を呼んで話し合い，またこれまでの

Attention!　ADHD（注意欠陥・多動性障害）：その2

　衝動性の診断基準としては，①質問が終わる前に出し抜けに答える，②順番を待つことが困難である，③他人を妨害し，邪魔する，などがあげられている。しかしこれらの基準が掲載されているDSM-Ⅳ（米国精神医学会の診断基準）では，「これらの症状のうち6つ以上が少なくとも6か月以上持続」などの条件が付いている。気になる子どもがいた場合には専門医の診断をあおぐべきだろう。

「入学前」の検討	関係者からも情報を集めた結果，いくつかのことが明らかとなった。
	C男は保育園の頃から幼く，落ち着きがなかった。とくにいたずらがはげしく，園中の水道の蛇口をすべて開け，水浸しにしたこともあった。手いたずらや立ち歩きなど，ほとんどいまと変わりがない。親の方では「ワンパク」「男の子だから」と，園でのことはあまり気にしないでいた。家ではい
暴力モデル	たずらをすると父親が暴力をふるい恐かったので，あまり困ったことはなかった（保育園での話では，園での問題をあまり親に知らせると，C男が父親からせっかんを受け，よけいに問題がひどくなるので，園内でとどめておいた出来事もかなりあるという。また，保育時間も長かったため，家ではほ
傷つく自己イメージ	とんどいたずらする時間もなかったのではないか，とのことだった）。
	小学校入学後，勉強の遅れが気になり，母親もC男をたたいたりしながら教えたそうだが，最近では反抗するようになり，自宅学習は一切させていない，という。小児神経科での脳波検査では異常がなく，ADHDの診断も下されなかった。

Attention! 「個性的な子」の落とし穴

社会的場面で自由奔放に行動する子どもを「個性的」と思い込んでしまう親がいる。ときには幼稚園や保育園のスタッフさえも，落ち着きのない子や自分勝手な行動をする子を「個性的な子」「ユニークな子」とみなしていることがある。そうした子が学校生活に入ったとき，一種の混乱を起こすことは明白である。人の中で生活するための社会的能力が欠落しているからである。年齢相応の社会的行動のしつけがなされていない場合が多いのである。「個性」とはしっかりした社会性を身につけてはじめて開花するものではないだろうか。私の出会った個性的な魅力の持ち主は，どの人も社会的な常識を身につけた人ばかりだった。

◇まとめ◇　このように考えよう

［「落ち着きがない」原因はさまざまです。ときにはいくつもの原因が重複していることがあります］

①器質的原因：多動性の自閉的障害，学習障害（LD），注意欠陥・多動性障害（ADHD）など。学校教育に理解のある専門医のもとで医学的検査を行ってもらう必要があります。

②環境的原因：騒音や振動の激しい環境や，人の出入りが多かったり，大人がいつもあわただしく動いている環境で育った。あるいは正反対に，神経質なくらい音や視覚刺激を遠ざけた，静かすぎる環境で育ったために，刺激に対して免疫ができていない。これらについて親から情報を得てみます。

③心理的原因：親と安定した二者関係ができていない。親から暴力をふるわれるなどの理由から，人に対して安心感が形成されていない。十分愛されているという実感が持てないでいる。家庭生活でいさかいが絶えないなど，安定した気持ちになかなかなれない。他のきょうだいと比較されたり，よく勉強のことで叱られたりして自己イメージが低い。自分はコツコツ我慢してやればきっとできるはずだという自己信頼感が育っていない。達成したことをほめられたり認められたりする経験が少ない。親から社会性に関するしつけを十分受けていない。生活面でオーバーワーク気味である。学校の場がストレス発散の場となっている。

ともすれば，最近ADHDへの注目が集まり，心理的に改善すべき点がたくさんあるにもかかわらず，脳の機能障害だけに原因を求め，投薬に頼る傾向がなきにしもありません。子どもがおかれている環境や子どもの心に丁寧にかかわっていくべきではないでしょうか。

［指導は一人で抱え込まずに，協力体制で］　応用事例で紹介したＣ男のように，最近では指導がきわめて困難な例も少なくありません。ときにはかかわる学級担任の方が精神的にまいってしまう場合もあります。保護者も困っており，一緒に協力してやっていけるときにはよいのですが，問題意識がなかったり，学校の責任のみを追及してきたり，学校に呼んでも梨のつぶてだったりと

いう場合には，徒労感や信頼喪失に襲われることも少なくありません。「あの人は普段，教育相談の研修会によく行っているからお手並み拝見」といった冷ややかな視線しか得られなかったためにノイローゼ→休職に追い込まれた先生もいました。こんなときこそ，校内の協力体制，そして管理職のリーダーシップが問われます。校内で問題を共有し，担任を孤立させないことが大事です。外部から講師を招いて研修会を開いたり，教育相談所や小児神経科の応援を得たり，開かれた体制で取り組むことが大事です。

　［**保護者へのはたらきかけも忘れずに**］　C男の場合もクラスの親たちが不安におちいってしまいました。わが子に危害が及ぶ，という不安のほかにも，勉強が遅れる，わが子に悪い影響を与える，など，さまざまな不安と不満を抱くはずです。保護者へのはたらきかけは後手にならないよう，積極的に問題を提起し，アイデアを出してもらい，保護者たちの問題解決力を引き出していくことがはたらきかけのコツといえるでしょう。

参考文献
真仁田昭・原野広太郎・沢崎達夫編『学校カウンセリング辞典』金子書房，1995

Final Check

□ 落ち着かない原因はさまざまで，混合型も少なくない。
□ 刺激のコントロールとともに，子どもの自己イメージを高める指導を行っていく。
□ 校内の協力体制，保護者へのはたらきかけも重要なポイントである。

Ⅲ 気になる子・困った子へのかかわり方

・12・
LDの子への指導

学習上の問題だけでなく，級友とのトラブルなど生活面のさまざまな問題が生じるのがLD指導の難しい点です。

[**困惑・不安・自信喪失**]「どういうふうに理解したらよいでしょうか」——開口一番T先生はこう言いました。小学3年のクラス担任をこれまで何度も経験しています。しかしA君のような子どもは初めてだと言います。「頭はいい子なんです。しかし集団行動が一切できません。身辺整理もできず，机のまわりはノート，教科書，プリント，鉛筆などが散らかり放題。そればかりか最近では授業中大声でひとりごとを言い，授業妨害するのです。思いが通らなくなると，ヒステリックな声をあげ，関係ない子に暴力をふるったりもします，そればかりか……」。T先生はよほどまいっているようでした。

T先生の困惑や不安は，A君の問題行動がただの幼い子やんちゃな子，乱暴な子，としてはとらえきれない側面をもっていたことからきていました。「あるとき，友だちを突然たたいた。わけを聞くと，半年も前の〇月〇日に自分の悪口を言ったからだと言う」「体の小さい子を突き飛ばしたりする。注意してもへらへら笑い，悪いことをしたという実感がない」「給食の中にはさみを入れたり，鉛筆を入れたりする。わけを聞くと理科の実験のつもりらしい」等々。「A君の親に話しても『3歳頃から急にいたずらになり，保育園では集団に入れず職員室でいつも過ごしていた。1，2年生のときも，担任の先生からさんざん親のしつけが悪いと注意された。そのたびに叱るが本人は相変わらず。最近では怒鳴ってばかりいる』と，本当にどうしてよいかわからない様子で，気の毒でそれ以上言えない」とのこと。自信喪失——そんな感じでT先生は私のところに相談にみえたのでした。

●問題●

　T先生との話し合いで，私はA君がLD（学習障害）の子ではないかと思いました。T先生は「LD」という言葉は知っていたものの，自分のクラスのA君がLDの子だとは考えてもみなかったそうです。

　あなたはLDの子についてどのようなことを知っていますか。項目別に答えてみてください。

TRY　　回答を書き込んでみよう

(1) **LD（学習障害）とはどのような障害ですか。**

....
....

(2) **LDの診断はどのように行うのでしょうか。**

....

(3) **LDの原因は親の育て方の問題ですか。**

....

(4) **LDの子の生活行動面での問題にはどのようなものがありますか。**

....

(5) **LDの子の学習面での問題にはどのようなものがありますか。**

....

(6) **LDの子のコミュニケーション面での問題にはどのようなものがありますか。**

....
....

○回答○

LDの定義

(1) **LD（学習障害）とは**

「全般的な知的発達に遅れはないが，聞く，話す，書く，計算する，推測するなどの特定の能力の習得と使用に著しい困難を示すさまざまな障害」と定義されています。

まず問題を見極める

(2) **LDの診断**

LDの診断には，医学的診断，心理学的診断，教育的診断があります。医学的診断では生育歴や既往（これまでの病気）歴を医学的立場から読み取り，必要に応じて脳波，CTスキャン，MRIなどの神経学的検査，運動機能面の検査などを通じて，問題が中枢神経系からくるのか否かを調べます。また，心理学的診断ではWISC-Ⅲ知能テスト，ITPA言語学習能力診断検査，K-ABC心理・教育アセスメントバッテリーなどが使われます。教育的診断では行動上の問題や読む・書く・聞く・計算するといった学力の偏りなどを，行動観察や学習指導を通じて行います。

"育て方"の問題ではない

(3) **LDの原因**

LDの原因は親の育て方の問題にあるのではありません。LDの原因は，中枢神経系（脳）のはたらきの軽い障害です。障害が微細なため医学的検査でもはっきりしない場合もあるのですが，心理テストや行動所見などを総合的に判断すると，何らかの脳の障害が推定されるのです。

日常みられる問題

(4) **LDの子の生活行動面の問題**

落ち着きがない，予想のつかない変わった行動をする，集中力がない，気が散りやすい，衝動的，むやみに大声をあげたりして突発的・自分勝手な行動が目立つ，仲間遊びができない，ゲームなどのルールが理解できない，手先が不器用，体の動きがぎくしゃくしている，ボール運動やなわとびなど

全身を使った協応運動が苦手，友だちとの約束をすっぽかす，すぐ泣いたり怒ったりする，新しい事態に慣れにくい，など。

授業でみられる問題

(5) **LDの子の学習面の問題**

文字や行を飛ばして読む，読めても意味が理解できない，長文を読もうとしない，「しゃ，しゅ，しょ」といった拗音や「っ」などつまる音である促音を理解できない，助詞を間違えるなど文法的な誤りが多い，作者の意図をくみ取れない，作文がまとまらない，数の概念ができていない，数字のケタをそろえて書けない，暗算ができない，九九が覚えられない，計算はできても文章題ができない，定規やグラフなどの目盛りを読み取れない，定規やコンパスなどをうまく操れない，日時の概念などがわからない，リズム感が悪い，リコーダーが覚えられない，など。

コミュニケーションの特徴

(6) **LDの子のコミュニケーション面の問題**

話の内容が理解できない，甲高い声や早口など聞き取りにくいしゃべり方をする，話が一方的である，長い複雑な内容をうまく表現できない，言葉の背後にある意味を推測できない，場にあった発言ができない，一つの話題にこだわる，同じ質問を何度もする，相手の言葉を誤解し怒ったりすること

Attention! どこで指導のアドバイスや診断を受けたらよいか

指導についてのアドバイスはLDの子の療育を行っている情緒障害学級，教育相談所，療育センター，研究機関，民間の相談所・クリニックなどで受ける。LD関係の文献などにリストが掲載されていることがある。子どもや親を行かせる前に，学級担任としての対応方法を相談してみるのもよい。医学的診断はそうした機関から紹介してもらい発達障害やLDを専門とする医師のいる医療機関で行ってもらう。いまだ大都市中心で地方によっては適切な機関に恵まれないかもしれない。

が多い，冗談が通じない，「あれ・これ」といった指示語が多く意味が伝わらないことがある，など。

□応用□　LDの子の具体的指導のポイント

"新しさ"へ慣れさせるために

(1)慣れにくさへの指導

　「クラスが替わり，新しい環境になると落ち着きがなくなる」――LDの子にはこんな問題が生じます。新しい教室や新しい先生，新しいクラスメートに慣れにくいのです。こんな場合，他の子より少し早めに"予習"させておくとよいでしょう。始業式の日に何もかも新しくなるのではなくて，春休みなどに新担任と顔合わせし，新しい教室とそのまわりの環境を覚え，新しいクラスメートの名簿を書き写したりして予備知識を与えておくのです。授業が始まったらみんなで写真を撮り，それまで覚えた名前と顔を一致させるようにします。

注意集中できるために

(2)注意集中しやすい環境づくり

　あなたならLDの子の席をクラスのどこにしますか。LDの子は自分に必要な刺激を選択して見たり聞いたりする力が弱いことが多いのです。学習に必要な刺激以外ができるだけ入らない環境づくりが必要です。まず席は廊下側の最前列，窓から外の様子が見えることも，クラスの他の子の動きが目に入ることも少ない場所です。その子の前方と壁側にはできる限り掲示物を貼らないようにします。目の前にいじりたくなるような教材なども置かないようにします。

話を正しく理解できるために

(3)話を理解させるには

　LDの子はがやがやした場面でも自分にとって必要な音のみを選択的に聞く（これを「カクテルパーティ効果」といいます）ことが大変不得意なのです。大勢に指示するときには，もう一度その子に向かって復唱すると聞き取りがよくなるはずです。また同時に多くのことを言わずに，一つひとつ

確認しながら単純な文で伝えます。耳で聞くより目で文字を理解した方が得意な場合には、メモ帳を用意させ、文字でポイントを書いてやったり、本人にメモさせたりします。

(4)学習指導への工夫

個人内差を把握する

学習指導にあたってはまず本人の学習能力のバランス具合を調べます。事例のT先生はA君が計算と漢字がよくできるから「頭のいい子」と判断されていました。しかしこれらは「見える学力」です。詳しく調べていくと「見えない学力」の面でいろいろと問題があることがわかってきます。こうしたことを把握するためには知能テストなどの心理テストが役立ちます。「個人内差」といってその子の内部の能力のアンバランスをとらえることができるからです。全体的に見るとまあまあだが、実は個々の知的能力がアンバランスかもしれない——こうした視点からその子の得意なもの、苦手なものをチェックしていきます。

指導のポイント

指導のポイントは目標を絞り、あれもこれもと思わないことです。視覚的手がかりを使い、図示して説明したり、補助線の入ったノートを使ったり、できること7割、不得手なこと3割くらいに問題をブレンドして与え、達成感を与えるなど工夫します。

Attention! 　　**情緒障害学級などをすすめる場合の留意点**

わが国ではわが子だけが特別な指導を受けることを望まない親が少なくない。教師側が「よかれ」と思ってすすめたことも、差別や邪魔者扱いされたと思ってトラブルになる例もある。情緒障害学級をすすめる場合には、まず担任自身がその学級を見学し、なぜその学級がその子にとってよいのかを親にきちんと説明できることが必要だろう。親が見学に行く際にも同行できると、その子にとって適か不適かを共通の場面をもとに話し合うことができる。そこに通うことのプラス面だけでなくマイナス面も話題に出しながら、親の意思を尊重しながら根気よく話し合っていくことが大切である。

◇まとめ◇　このように考えよう

　［**困難な生活行動面での問題**］　LD（学習障害）はそのネーミングから学習上の問題だけと思われがちですが、学級を担任する教師にとってもっとも指導困難なことは、むしろ生活行動面での問題ではないでしょうか。前述したようなさまざまな問題があります。これらの多くは「その場の状況が読めない」「意味を取り違えて受け取ってしまう」「行動の予測がつかない」「衝動コントロールができない」「記憶力に問題がある」といったLDの子特有の障害から発生しているのですが、二次的障害も少なくありません。二次的障害とは、LDの子の問題を正しく理解できないためにわがまま、変な子、自分勝手ととらえられ、否定的な評価とはたらきかけを受けてきた結果生じる問題です。かつて私が担当したある子は「話をそらすな！」といつも父親から体罰を受けていたために、人の目をうかがう萎縮した子になっていました。その他、孤立したり、いじめにあったり、不登校になったりとさまざまな二次的障害が生じてきます。

　生活行動面を向上させるための方法としては、ソーシャルスキル・トレーニングがあります。4コマまんがを使って状況の理解をさせたり、挨拶や「ちょっと待って」「ジャンケンね」など友だち関係で状況に応じて使う言葉を練習するなど、ソーシャルスキル（社会的技能）を高めるための訓練です。

　［**LDの子をめぐるトラブル**］　LDはわがまま、落ち着きがない、いたずら、情緒不安定、無気力といった問題としてあらわれるために、どうしても「甘やかし」「愛情不足」「家庭不和」といったことが心理的原因に思われやすいのです。教育相談にかなりキャリアのある教師の場合でも、こうした判断ミスを犯してしまうことが多々あります。加えて親の方も原因がわからず、親類などから「育て方が悪い云々」とさんざん言われ自信喪失状態になっていたり、何とかしつけようと事例のA君のように叱ってばかりいる状態になっていたりすることがあります。LDの子の親にとって子育ては喜びよりも苦しみであることが多いのです。

　またLDの子の問題の本質を理解し、その子にそったはたらきかけをしてい

こうと思っても，わが国では教育体制が十分ではありません（文部省がLD指導についての中間報告を出したのは，1995年のことです）。あれもしてやりたいこれもしてやりたいという親の切実な気持ちが，学校や担任に対する要求過多になることも少なからずあります。しかしLDの子の指導については困難なことが多く，学校側としてもそれらすべてに応じられないのが現状でしょう。

　こうしたさまざまな理由で親と学校との間に不信感が生じやすいのがLDの子の指導の問題でもあります。親と悩みを共有し，いろいろと工夫したこと学んだことを報告しあって共に歩む姿勢がさまざまな困難を解決に導くのです。

参考文献
上野一彦編『学級担任のためのLD指導Q&A』教育出版，1996
竹田契一・里見恵子・西岡有香『LD児の言語・コミュニケーション障害の理解と指導』
　日本文化科学社，1997

Final Check

☐ LD（学習障害）について知識を持つことで，子どもの問題を整理して考えることができる。
☐ LDの原因は中枢神経系の障害であり，「育て方」が原因ではない。
☐ LDは学習上の障害だけではなく，生活行動面，コミュニケーション面など多岐にわたる。
☐ 二次的障害を防ぐ努力が大事である。
☐ 親の立場を思いやり，共に歩む姿勢が大事である。

コラム3

■たくさんの「もし～」■

1997年8月に刑が執行された，永山則夫死刑囚の書いた自伝的小説には，たくさんの「もし～」が隠されている。

もし彼の父親が失そうしなかったら，もし彼の母親が子どもを置き去りに家出しなかったら，もし集団就職先のフルーツショップの上司が彼の過去の万引きを「知っているぞ」と言わなかったら，彼の人生は異なるものになっていたのではないだろうか。そう思わせるような記述に満ちているのだ。

事実，彼の人生にはたくさんの分岐点があった。

教育に向かって彼は，多くのものを投げかけたのではないだろうか。中学2年の終わりから彼は学校を休みだす。学校側は彼の机と椅子を教室から運び去ってしまう。母は浮気をし，蒸発中の父は遠い異郷の汽車の中で野垂れ死にしてしまう。さびしさと行き場のない怒りに打ちのめされ彼は自殺をも考える。ある日担任が家にやって来る。「学校に来ねば，少年院に送る手もあんだぞッ。何だと思ってんだッ」と言って彼の頭を拳で殴りつけるのである。

家出しよう。彼は社会科の地図を手に，まだ十分に舗装されていない道を自転車で青森の板柳から福島駅までたどり着く。しかし，ほこりですすけた顔をし，薄茶になった学生服姿の彼は家出を見抜かれ，あっさりと保護されてしまう。やがて母親と担任教師が引き取りに来る。青森へ向かう列車の中で担任も母親も一言もしゃべらない。あれだけ苦労して自転車をこいで来たのに，あっけないほどはやく青森に着いてしまう。「何かしらむなしく悲しかった」。

もしあの時，青森に戻る列車の中で担任が彼の心をゆさぶる投げかけをしていたなら（「なぜ家出したんだ。心配したぞ」でも，「見つかってよかった」でもよい。そのとき彼のことを思う何らかの表現がなされていたなら），あるいは母親が彼の心のむなしさや悲しみを包み込んでいたなら，彼の人生は変わっていたのではないだろうか。

大人が子どもに向かって発する言葉や行為が，子どもの人生を支えもすればねじ曲げてしまうこともあることを，彼の人生は教えてくれた。

IV

学級崩壊を防ぐ

Ⅳ　学級崩壊を防ぐ

・13・
衝動的な行動を理解する

あれすさんで衝動的な行動をとる子。なかにはクラス中を混乱におちいらせる子も。理解と対応方法を考えます。

　連日のように少年のナイフによる事件が発生し、「ムカつく」「キレる」という言葉がマスコミで大きくとりあげられたことがありました。事実，子どもたちはごく日常的にこれらの言葉を使っています。私もつい最近，大学生が，ある授業の教室が別の教室に変更になったという話題を友人同士で話しながら「ちょームカつく」と言っていたのを耳にしました。教室が変わったくらいでどうしてムカつくのだろう？　とも思いますが，現代の子ども（大学生も含めて）にとっては，自分の思い通りに事が運ばないと「ムカついて」しまうのかもしれません。

　気持ちをうまくコントロールできずに衝動的行動におちいってしまうという問題は，古くから児童心理学や臨床心理学の注目する問題でした。たとえば40年近く前に出版された内山喜久雄著『問題児臨床心理学』には，1947年に発表されたラウティットの問題行動の分類が紹介され，「気分易変」「興奮傾向」「破壊性」「過敏」「わがまま」「威嚇」など「元祖『ムカつく』『キレる』」が紹介されています。

　また同著の中には「爆発性」の説明があり「わずかの動機から爆発的に怒って，周囲の者に殴る，けるなどの乱暴をはたらき，顔面蒼白となってナイフをふりまわすこともめずらしくない」と，最近の事件を彷彿させる記述すら見られます。しかし記述をよく読むと，これらは「特殊児童の問題行動」であるとも書かれています。

　いま私たちが注目しなければならないことは，過去の時代にごく限られた一

部の子どもの（特殊な）問題だったことが，現代では一般的といってよいほど，数多くの子どもに見られることです。問題行動の一般化とでもいうのでしょうか。子どもたちの「衝動的な」ふるまいは，日常的に校内のあちこちで見られるのではないでしょうか。

●問題●

クラスで次のような問題が授業中に発生しました。①あなたなら，まず，どのように対応しますか？　②今後，指導上どのようなことを心がけますか？

> 【あれるS男（小学6年）】　授業中，集中せず何人かでふざけ合っていたので，その集団に向けて強く注意をした。S男以外の子たちはひとまず静かになったが，S男だけは不服そうで，きつい目でにらみ返してきた。しばらくして何となく子どもたちがざわついているので，最後部のS男の席に近づくと，折れた鉛筆が何本か床に落ちている。S男は，腹立ちまぎれに，自分の鉛筆を机に突き刺しては折っていたのである。S男は興奮しているらしく，目がつり上がり，いつものS男とは違っている。

TRY 回答を書き込んでみよう

(1) その場でのS男への対応

　

(2) 今後，指導上心がけること

○回答○

⑴ その場でのS男への対応

まず三つはたらきかけが考えられます。

三つのはたらきかけ
①S男のふるまいを何としてでもやめさせる。②やめるようにはたらきかけるが、もめそうなときには無理をせず、休み時間など気持ちが落ち着いたときを見計らって指導する。③気持ちがおさまるまでそっとしておく。そのときはとくにS男にははたらきかけないで授業を進める。

どれが正解というわけではありません。これまでのS男との関係や自分の資質、そのときの状況などによって意識するかしないかのうちに瞬時に判断されるものなのです。たとえ、正解があったとしても、教師としてそのようにふるまえるときとふるまうことができないときがあるでしょう。教師としてのあり方が問われている状況とも言えます。

教師としてのあり方が問われるとき

私の回答例
私ならこんなふうにはたらきかけたいな、と思います。「S君、なんか私に言いたそうだなあ。どんなこと言いたい？」とよくS男の目を見てゆったり、穏やかに尋ねる。何か不満などを述べるようだったら、大きな声でS男の言葉を確認しながらしっかり聞く。「よし、わかった。授業が終わったら、一緒によーく考えてみよう」。私の言葉を無視してなおかつ鉛筆を折るようなふるまいをするときには、床に落ちている鉛筆を拾って「もう、やめよう」と言いたいと思います。

対応のポイント
- 放任せず、何らかの形でかかわる。
- まきこまれて一緒にかーっとならない。
- こんなふうにふるまうのは何かあるのだろうな、と思う。
- 穏やかでも毅然とした態度でかかわる。
- 必要なことだけ言い、心をいたずらに刺激するような

ことは言わない。
- 自分のはたらきかけの意味（長所・短所も）をとらえておく。

などがはたらきかけのポイントだと思います。

こんな場面を教師同士でロールプレイで試みてみることもよいでしょう。

(2) 今後，指導上心がけること

背景をよく理解する

①Ｓ男について理解を深める。Ｓ男についてのこれまでの資料や元担任，保護者などからＳ男の中低学年時代の学校生活の様子，家庭的背景，生育歴などについての情報を得る。

②欲求不満耐性が未発達なのか，それとも他の理由で欲求不満がつのってきているのかに着目する。

③また社会的予測能力や葛藤処理能力，規範意識などが本人にどのように形成されているかにも注目する。

④Ｓ男との信頼関係の形成に努める。

⑤必要に応じて保護者にはたらきかける。

子ども本人，保護者，周囲の子，そしてクラス全体への目配りを

⑥Ｓ男の周辺にいる子どもたちにも心を配り，Ｓ男が英雄視されたりして彼らに祭りあげられないように注意する。

⑦クラス全体の見直しをする（人間関係，授業の理解度，担任への要求，休み時間や放課後の子どもたちの様子）。

Attention! 近道反応

近道反応とは，短絡反応ともいい，ちょっとした動機に対して強い衝動が起こり，自分のおかれている状況や条件，善悪の判断，行為の結果などを考えずに反応すること（『学校カウンセリング辞典』）。①情緒的に混乱しているとき，②うちひしがれているとき，③これまで経験したことのない欲求や情動にであったとき，などに生じやすい。情緒的にも不安定で，性的欲動が急激にわき起こり，しかしまだ固く狭い価値観にとらわれている思春期には，この近道反応がきわめて起こりやすい。

□応用□　類似ケース

衝動的行動の「種」

衝動的行動の原因は子どもの側だけにあるとは限りません。ときには教師が気づかぬうちに衝動的行動の「種」をまいていることもあるのです。

学級崩壊

何年か前のことです。小学5年のあるクラスが、いまで言う学級崩壊のような状態になりました。クラス担任は女性で、ちょうど子どもたちの母親の年頃、30代の半ば過ぎでした。担任の話では、とにかく子どもたちが落ち着かないとのことでした。授業中、平気で立ち歩く子、突然奇声をあげる子、周囲の子と遊びはじめる子、静かに授業を聞いていたと思っている女の子でさえ「トイレ」と言って教室から抜け出して行きます。クラスの一部の父母たちからは担任交替の要求が学校側に出されていました。

学校側とクラス担任の依頼を受けて、そのクラスを見に行ったことがあります。クラスには多動傾向のある自閉性障害を持つ子どももいて、担任の先生は本当に大変そうでした。担任交替要求の背景には、障害を持つその子がこのクラスにいて本当によいのか、という一部の親たちの学校批判もあるとのことでした。

いま考えても担任の先生はよくがんばっていたと思います。しかし、気になることもいくつかありました。そこで、私なりに感じたことを率直にお話しし、一緒にこれからのことを考えることにしました。私が気づいたのは次のようなことです。

クラスの子どもたちの愛情飢餓

①担任のエネルギー配分が障害を持つ子にあまりにも偏りすぎ、他の子どもたちが一種の愛情飢餓状態になっている。

②子どもたちもその子にどうすることがクラスメートとしてよいのかわからず、居心地の悪い思いをしている。

③授業中，子どもに話す声が小さく，教室の後ろ半分の子はほとんど聞き取れない状態でイライラしている。
④子どもを注意する言葉が回りくどく，長すぎる。

心をかたくなにさせる言葉
⑤「前に担任していた他校の子どもたちと比較する」「過去のことを持ち出して注意する」「親の批判をする」など，子どもの心をかたくなにさせるような言葉が多い。

　　　　　　　　＊　　＊　　＊

「関係」という視点
　「関係」という視点から子どもの問題行動を考えてみると，いろんなものが見えてくるはずです。この担任の先生はその勇気を持った人でした。私の厳しいコメントを正面から受けとめ，指導の自己改革を行ったのです。

　まずクラスの子どもたちに障害を持つ子とどんな気持ちでかかわっているかを話しました。同時にクラスのみんなに協力を求めたのです。子どもたちの「大人心」にはたらきかけた，ともいえます。また，一人ひとりと面談し，それぞれが塾や習いごとによる過密スケジュールでストレスを感じていたり，家族の問題で子どもなりに悩んでいることを知るのです。また，授業方法を自分なりに工夫したりして学級崩壊の危機を乗り越えたのでした。

Attention!　セルフ・エフィカシー

自己効力感と訳される。「自分にはこれだけのことができるだろう」という考えをいう。衝動的行動におちいる子どもは，他にも問題を抱えていることが少なくない。無気力，自己イメージの低下，学業不振などである。子どものセルフ・エフィカシーを高めることでこうした問題を克服することができる。セルフ・エフィカシーを高めるには，①成功体験を持たせる，②他人の行動を観察させる，③自分を励ます方法を教える，④子どもの行動に肯定的なフィードバックを与える，⑤これからやることがどのような結果を生み出すか，どのくらいうまくやれるかなどを子どもに問いかけ，自らの正確な力を把握させる，などの方法がある。

◇**まとめ**◇　このように考えよう

　現代の子どもの衝動的行動の背景は非常に複雑になっています。①学校を含めた子どもをとりまく環境の視点，②子どもの自我発達の視点，③親や家庭教育の視点，④教師とのかかわりの視点，など，多面的に考察することが必要です。

　[子どもにとって学校生活とは]　まず，子どもたちは学校を楽しい場所と思っているでしょうか。塾や各種のサブスクールなど，学校以外にもあまりにも多くの社会的場面をこなさなければなりません。学校生活に費やせる心的エネルギーは，昔の子どもの何分の一に確実に減っているのです。サブスクールでのストレスが大きければ，学校はストレスの発散の場となってしまうのです。少なくとも，薄味で過ごさなければすべての社会的生活をこなすことができません。その他，テレビやゲームなどでの夜更かしなども一因でしょう。少ないエネルギーで疲れた体を引きずってやってくる場，それが現代の子どもの学校生活なのです。心的エネルギーが枯渇している状態では，自分の予測を越えた事態などに柔軟に対応できません。近道反応とよばれる短絡的行動が生じやすくなるのです。

　[低い自己イメージ]　学校で，子どもたちは十分自己発揮して生活しているでしょうか。勉強が駄目なら運動で，というのが昔の子どもの救いでした。いま，運動で力を発揮した子どもは，どれだけ晴れがましく誇らしい気持ちになれるでしょうか。「学業成績」という見地からのみ子どもを評価するならば，評価され成功体験を味わう子どもはごく一部の子どもに限られてしまうのです。「どうせオレなんて」といった低い自己イメージでは自分の思い通りいかない欲求不満状況に耐えられません。すぐ苛立ち，後先を考えない行動に走りがちになるのです。

　[守られない子どもたち]　子どもは大人に本当に守られているでしょうか。ナイフを持ち歩く理由として「護身用」と答える子どもが少なくありません。見方を変えれば，子どもにとって学校や地域社会は，いつ敵から攻撃されるかもしれない戦場のように知覚されているのです。子どもはまだ自分の防衛力に

自信がない分，ちょっとした「攻撃」にも過敏に反応してしまうのです。

　［**我慢を身につけにくい時代**］　昔，子どもたちは我慢をどこかで学んだわけではありません。我慢せざるをえない生活の中から自然に身についたのです。しかし，いま，我慢をしなくてすむ文化の中で子どもたちは暮らしています。物はあふれ，勉強さえしていれば家事を手伝うことも，きょうだいの世話をすることも求められません。しかし子どもたちが社会の中で生きていくためには，昔同様，我慢しなければならないことがたくさんあります。このままでは子どもをよほど自覚的に育てない限りは，社会的能力が未発達のままになってしまうのです。今の子どもたちの衝動的行動はだだっ子のふるまいによく似ています。一口に言うと幼いのです。現代の子どもたちに，耐性を含む社会的能力をどのように身につけさせていくかは教育の大きな課題だと思います。

参考文献
内山喜久雄『問題児臨床心理学』金子書房，1963
真仁田昭・原野広太郎・沢崎達夫編『学校カウンセリング辞典』金子書房，1995

Final Check

□衝動的行動の背景には，きわめて現代的な問題が横たわる。
□心的エネルギーが枯渇し，愛情飢餓状態のときは心にゆとりがなくなり，自己コントロールどころではない状態になりやすい。
□一方的に子どもにのみ原因を求めるのではなく，教師と子どもとの関係という視点からも考えていく。

Ⅳ　学級崩壊を防ぐ

・14・
反抗的な子どもへのかかわり

自分の非は棚に上げ反抗する。注意が伝わりにくい。こうした現代の子どもの特徴をふまえた指導を考えます。

　若くてカッコいい，そんな言葉がよく似合うＦ先生でした。私が指導するある市の研究グループの若手メンバーです。そんな彼が２学期を過ぎた頃から少しずつ元気がなくなってきたのです。スポーツマンのさっそうとしたイメージがだんだん薄れていき，自信なげな表情が目立ってきました。あるとき私は思い切って尋ねてみました。するとその言葉を待っていたかのようにＦ先生は担任している小学５年生のクラスに起こっていることを話し出しました。

　クラスに何かと反抗する子どもがいるというのです。Ａ男とＢ男の二人組です。指示されたことをやろうとしない。そればかりか一生懸命やっている級友の足を引っ張るようなことばかりします。注意すると「なんで俺たちばかり」と口を尖らせて文句を言います。注意されたことを根に持って，今度はＦ先生の神経に触るような反撃に出てきます。たとえば授業中，Ｆ先生が板書して後ろを向いているすきに，Ａ男がモノトーンな声で，「シミ！」と，授業にはまったく関係のない言葉を発します。するとかなり離れた席にいるＢ男も「シミ！」と呼応します。授業に退屈している何人かの子がクスクスと笑います。すると今度は「フケ！」という言葉が飛び交います。「ハゲ！」「ホクロ！」「ドウナガ！」……Ａ男とＢ男のこんな言葉のかけ合いとクスクス笑い。自分に向けられているようないないようなこうした言葉は，Ｆ先生の心を乱していきます。

　注意するとさらに反発し，反抗する。こんな悪循環の中で，Ｆ先生はすっかりまいっていたのです。

●問題●

　子どもの成長の中で反抗期があることはよく知られています。小学生時代にも高学年になると第二反抗期にさしかかり，子どもによっては反抗行動が多発する場合があります。しかしときどき「子どもの成長過程で見られる反抗」にしては，度が過ぎる，悪質である，陰湿であるなどと，何となく放っておけず気になる反抗もあります。F先生のクラスの二人の男児の場合もその例ではないでしょうか。

TRY　回答を書き込んでみよう

　もしあなたがF先生の立場だったら，どのようなアプローチをしますか。できるだけ具体的に箇条書きに記してみてください。

(1) **A男とB男に対して**

(2) **クラス全体に対して**

(3) **（必要ならば）保護者に対して**

14　反抗的な子どもへのかかわり

○回答○

(1) **A男とB男に対して**

①反抗的行動の背後にあるものへの理解

子どもの行動が気になるとき　教師が子どものある行動が気になるときには，子どもの側で「自分のことを気にして欲しい」と訴えているときかもしれません。

SCTを活用する　A男とB男が教師にどんなことを訴えているのかを知るために，私はF先生に小学生版「SCT」（発行・金子書房）をクラス全員に行うことをすすめました（SCTについてはAttention!参照）。

口でうまく言えない心　教師が自作するテストの中にも，子ども自身の"声"がわかるような問題があるとよいと思います（例「最近の学校生活で，楽しかったこと，いやだったことを書きなさい」など）。口ではうまく言えない心が表現されるかもしれません。このほか，作文，絵画，落書，答案などに表現される子どもの心にも注目します。

からめてからのはたらきかけ　②"からめて"からはたらきかける

"からめて（搦手）"とはお城の大手門ではなく裏門のことです。反抗的行動を正面からとりあげて注意したり叱責してもかえって悪循環になることはこれまでの経過から明らかです。そんなときには反抗的行動の件はいったん脇において，裏口から，つまり正反対のプラスの面からはたらきかけます。

たとえば，次のようなはたらきかけです。

- A男やB男に対して，認める，ほめる，励ます，支えるなど肯定的なはたらきかけを多く行うよう心がける。
- みんなが注目するような役割を与える。
- 他の先生からも「F先生はお前のサッカーの指導力を

ほめていたぞ」などとはたらきかけてもらう。

(2) クラス全体に対して

クラス全体にも目をくばる

① プラスのエネルギーが循環するように心がける

反抗的行動に出会うと教師の心は不機嫌になり、腹立たしい気持ちになりがちです。授業の雰囲気も悪くなり、子どもたちは一種の愛情飢餓状態におちいり、その結果、他児のさらなる反抗をまねいてしまうこともあります。こんなときこそ、自分の心に自覚的にありたいものです。反抗的行動にまきこまれず、冷静にしかしあたたかい気持ちで根気強くはたらきかける教師の姿は、子どもたちにとってよき成長モデルとなるはずです。

冷静かつあたたかいこと

② クラス内の不平や不満の声に耳を傾ける

A男やB男の反抗は単独に生じているものではなく、クラスの多くの声を象徴しているかもしれません。いま、クラスの子どもたちがどのような気持ちで毎日を過ごしているか、休み時間などの雑談やアンケートなどを通じて把握してみてはどうでしょうか。

他児の"声"を集める

(3) 保護者に対して

必要に応じて保護者へのはたらきかけも考えなければなりませんが、高学年の場合、教師へのさらなる反発を招くこと

むしろ子どもの「大人心」に

> **Attention!** SCT (Sentence Completion Test)
>
> 文章完成法テストと訳される。投影法の人格テストの一種。「小さいとき，私は_____」と未完成の文章が与えられ、それに続けて文章を自由に完成させる。願望や欲求、空想、感情などの情意的側面と理解力、文章構成力、客観性、書字能力などの知的側面、そして被検者に影響を与えている身体的、学校的、家庭的、社会的状況などを明らかにする。
>
> まるで国語の短文作成問題のような感覚でやれ、刺激文の自作も可能なため、教育現場ではよく使われる。

もあります。むしろ子どもたちの「大人心」へ向けてはたらきかけたいものです。

□応用□　事例の検討

　一見すると似たような印象のA男とB男でしたが、SCTにあらわれる彼らの心はずいぶん異なったものでした。二人のSCTの内容を比較してみましょう。

A男とB男のSCTの内容の違い

SCTの刺激語	A男の反応	B男の反応
小さいとき，私は_____	さるだった。	バカだった。
家では_____	ねる。	だらけている。
私の母がもう少し_____	あたまがよければ。	わかければ。
私の父がもう少し_____	バカなら。	しゅっせすれば。
私のしっぱいは_____	おもしろい。	大きい。
私がしりたいのは_____	じしょのぜんぶ。	ウルトラマンの謎。
私は友だちから_____	ファミコンカセットをかりる。	きらわれている。
先生がもっと私に_____	いいてんをくれれば。	いいてんをくれれば。
もしも私が_____	さるなら。	刑事だったらかつやくしたい。
先生は_____	かっこいい	わかい

(1) A男とB男の違い

いかがですか。SCT の反応語の一部ですが，A男とB男の内的世界はずいぶん異なるようです。

> SCT から読み取れるもの

A男は知的な高さがみられますが，斜に構えた反応が多く，よりひねている印象を与えます。

B男の方はやや幼く，自信なげですが，素直な気持ちが反応にあらわれています。家族への感情もB男の方があたたかいようです。

二人の印象の違いから，リードしているのはA男の方であることがわかります。おそらくF先生への反抗の動機もそれぞれ異なるのではないでしょうか。

(2) 行動の背後にある気持ち

> 反抗的行動の背後

二人とも授業を投げているかのような態度をとるためF先生を悩ませるのですが，SCT では「意欲」ともいうべきものをかいま見ることができます。A男の「辞書の全部を知りたい」，B男の「活躍したい」という言葉です。F先生にあれだけ反抗しながら，結構先生への素直な気持ちがあらわれていると思いませんか。

親に対する反発，自信のなさ，孤立感，自己嫌悪，将来への不安，自己不確実感，思春期前期特有の苛立ち……そんなものが入り交じって教師への反抗的言動になっているのです。

Attention!

教師の心のゆとり

教師ほど心のゆとりが必要な仕事はないのだが，実際は時間的にも，身体的にも，精神的にも，ゆとりのない状態が少なくない。教師はもっと自分自身へエネルギーを与えることが必要なのである。自分をほめる，自分を楽しませる，自分を休ませる，自分にごほうびをあげる……といったことも大事である。そうして得られたエネルギーは必ずクラスの子どもたちに行きわたるのだから。

◇まとめ◇　このように考えよう

［反抗的行動の診断］　子どもの反抗に出会うと教師の気持ちはかなりかき乱されます。一生懸命投げかけているのに通じない悔しさ，怒り，むなしさ……。その結果，こちらも同じ土俵に立って押さえこもうとしたり，かわしたり，逆に反撃したりしがちです。冷静でなくなるのです。こんなときには，誰かに相談して少し客観的視点で考えるようにすべきです。自己客観視のためのポイントを以下にあげてみましょう。

いま自分に向けられている反抗が，
- 単独で行われたものか，集団で行われたものか。
- 一時的なものか持続的なものか。
- 偶発的か意図的か。
- 表だっての反抗か，それともいわゆる面従腹背（表面では素直だが見えないところで反抗的行動を行う）タイプか。
- 他児の反応はどうだったか。
- こちらにも反省すべきことはないか。

［小学生に見られる反抗的行動］　表面的には同じような言動に見える反抗的行動も，背景や言動に込められた意味の違いから以下のように分けることができます。

①社会性がまだ未熟なため，我慢したり根気よく課題に立ち向かったりすることができず，回避したい気持ちが反抗的言動になる場合。

②家庭不和や愛情飢餓などからくる心のすさみが教師への反抗的言動となってあらわれる場合。

③授業がわからない，活躍できない，評価されない，達成感を味わえない，などの不満が教師に反抗的言動として向けられる場合。

④自分だけが不当に多く叱られたという被害的思い込みから反抗する場合。精神的成長とともに教師の言動を批判的にみる力が身につき，教師の言行の不一致や差別的態度などに反発する場合。

⑤心身の急激な発達により，精神的にバランスを失い，心理的不安定さから

反抗する場合。

⑥自我が芽生えはじめ，大人という存在や常識，規則といった"壁"に挑戦するかのように反抗する場合。

⑦自主性や自立性を主張したいのだがうまく表現できず，結果的に反抗的言動になってしまう場合。

[**反抗的行動への対処**] 子どもの反抗的な言葉や行動に出会ったとき，「ふーん，こんなことも言うようになったんだ」と子どもの成長を楽しめるといいのです。こちらの気持ちなど考慮しないでむき出しのきつい言葉を放ってくるのは，気持ちのゆとりのなさや不器用さの証です。ときには劣等感や愛情飢餓感，救いを求める気持ちまでが「反抗」という形であらわれることがあります。反抗期だった頃の自分を重ね合わせると，少しゆとりを持って対処できるかもしれません。

参考文献
佐野勝男・槇田仁『精研式文章完成法テスト事例集――小学生用』金子書房，1969

Final Check

- □ 反抗は現象的に似ていても，それぞれの発達的意味と心理的意味は異なることが多い。
- □ 冷静に反抗的行動の背後にある気持ちを把握するよう心がける。
- □ 気になる反抗の背後には救いを求める心が存在していることが多い。
- □ 反抗の当事者だけでなくクラス全体にも目を向ける。当事者がみんなの代表として反抗的行動を行っている可能性があるからである。
- □ 教師がゆとりを持って反抗的行動を受けとめ，それにとらわれずにプラスの側からかかわることができるとよい。

Ⅳ　学級崩壊を防ぐ

•15•
二者関係を求める子どもたち

先生を独占したいという子どもが増えています。一対一で指示しないと伝わりません。教室での対応を考えます。

　「二者関係」とは一対一の人間関係のことです。子どもは発達過程で，誰かとの（その多くは母親との）安定した二者関係をしっかり積み重ねることではじめて，自立的行動や他者との人間関係が可能となるのです。
　イギリスの精神分析学者ウィニコットは「二人いるから一人になれる」と言っています。幼い子どもは，母親が一緒にいるからこそ一人で安心して遊んでいられるのです。もし母親がいなければ母親を探し求めてとても遊びどころではないでしょう。
　この安定した二者関係は，人間関係の「芯」ともなるものです。子どもは心の中にしっかりと人間関係の芯が形成された後，友だち関係や教師との人間関係に向かうことができるのです。
　［二者関係を学校で求める子の増加］　この二者関係を，子どもは就学前に"卒業"していなければなりません。小学校では二者関係の次の段階，三者関係や集団での人間関係が子どもの発達課題として待っているからです。しかし最近，この二者関係を"卒業"しないまま入学してくる子どもがいるのです。先生に「教え」を求めるよりも「甘え」を求めてくる，先生に自分だけかわいがってもらいたい……。こんな子どもが少なくないのではないでしょうか。当然それらが満たされるまでは勉強どころではありません。友だちへの思いやりどころでもありません。教師―子ども関係は本来二者関係ではないのですが。
　こうした二者関係を強く教師に求める子どもが大勢いるクラスはどうなるのでしょうか。

●問題●

　小学1年生のクラス。クラスの中にさまざまな問題をかかえた子がいる。A男はしょっちゅう立ち歩く。上履きも履かず，ぺたぺたと。ときには授業中，友だちの机の上をぽんぽんぽんと"歩き回る"こともある。B子はすぐ担任のところにやって来る。「これができない」「〜が変なことを言った」とべそをかきながら授業の最中でも言いつけに来るのである。C男は教科書もノートも出さないでじっとしていることがほとんど。ときにはお漏らししてもそのままの状態でいる。家ではよくしゃべるというが，教室ではしゃべろうとしない。D男は授業中でもまわりの子と取っ組み合いのケンカをしてしまう。攻撃の固まりのような子である。これらの子に個別的にかかわると，二軍三軍の存在すなわちE子，F子，G男，H男などが騒々しくおしゃべりをはじめたり，トイレに行くと言って教室を抜け出したりしはじめる。2学期も半ばに入ったいまでもこんな状態は変わらない。

TRY 回答を書き込んでみよう

　あなたが，このクラスの学級担任だったら，何から，どのように取り組みますか。

○回答○

(1)子どもとクラスの教育診断

客観的に診断する

クラスの中に行動上のさまざまな問題を持つ子どもがいて，通常の授業が成り立たない状態のときには，まず冷静になるほかありません。客観的に個々の児童の問題とクラスの全体的状況を把握するのです。

①個別児童の診断

子どもたちが起こしている問題は，結果的に教師との関係を二者関係に持ち込んでいます。こうした二者関係を強く求める子どもについては，次のことをおさえることが指導上不可欠です。

「社会的未発達」と「愛情の飢餓」

〔診断１〕 その子の問題行動の原因が，①社会的行動の未発達・未学習によるものか，②愛情の飢餓や精神的不安定さといった心の問題によるものか，③それらがミックスされて生じているのか。

〔診断２〕 それらの子どもの背景にあるものは何か。

②クラスの診断

問題となる子の数と質を把握する

〔診断３〕 クラスの中には二者関係を強く求める子がどれくらいいるか。そのうち行動としてあらわれている（行動化している）子は誰で，状況しだいで顕在化する子は誰で，まだ潜在している子は誰か。

〔診断４〕 他児が逸脱行動にはしっても，しっかり安定して自分のすべきことをやれる子は誰か。

保護者についても

〔診断５〕 保護者たちはどのようなタイプの親が多いか。はたらきかけるにはどのような点を留意すべきか。

(2)クラス全体を視野に入れた指導を

このクラスのように二者関係を強く求めてくる子どもが多数いる場合は，個別的に直接かかわって対応すればするほ

ど，混乱状態を招いてしまいます。「僕も，私も」と，それぞれが担任から一対一でかかわってもらいたくて，あちこちで問題を起こすことでしょう。場合によっては，いまは我慢しているが同様の気持ちを抱いている子どもたち（潜在化している子どもたち）の心も刺激し，クラスが収拾のつかない状態になってしまう恐れもあります。

二者関係を満たすには，安心させる，かわいがる，甘えさせるといった心を抱くようなはたらきかけ（ホールディング）が必要ですが，特定の子を抱っこするなど直接的なホールディングはできるだけしないほうが良いのです。

> 直接「抱っこ」するのではなく，間接的に「抱っこ」する

それゆえ，①直接「抱っこ」するのではなく，言葉，表情，まなざし，態度，答案用紙や作品へのコメントなどを通して，認め，ほめ，励ます。すなわち，間接的に「抱っこ」してやる。間接的方法だと同時に何人もを「抱っこ」できる（例「A君とBさん，C君D君，みんなよくがんばったね」）。②行動の基準をできる限り具体的に明確に定め，誰もが守るように指導する。③向社会的行動（何を，どうした方が良いか）を積極的に教え，行った場合にはしっかり評価する。

Attention! 学級崩壊の構造

小学校における学級崩壊は次のような条件が重なったときに生じやすい。①親からの愛情飢餓などにより教師に対して二者関係を強く求めてくる子どもが三人以上いる。②その他にも精神的に不安定な子や手のかかる子の予備軍が相当数いる。③保護者が非協力的で，ときには担任の指導だけの問題にしたり，強い学校不信感を抱いていたりする。④教師側が指導上の問題だけではなく私的な問題を抱えており，心にゆとりがなく，疲れている。⑤教師の指示が子どもにわかりにくかったり，自信喪失などによって指導方針がころころ変わるなど，子どもも教師も混乱状態にいる。⑥担任教師が同僚に心を開いて援助を求めることができず，同僚も静観しているほかない。⑦最終責任者としての管理職がリーダーシップを持たず，保護者との対応や教育委員会との対応などを担任がせねばならない。

④時々楽しいイベントを行い，授業と遊びとの間のメリハリをつける。

□応用□　教育全体の立場から考えてみましょう

このような問題は決してたまたま生じたわけではありません。わが国のいたるところで同様の問題が発生しているのではないでしょうか。

原因の探究　(1)子どもが教師に二者関係を強く求める原因

　①死別や生別により，現実に母親不在で，十分に二者関係が満たされずに育ってきた。

　②核家族化，地縁や血縁の希薄化，親世代の少子化などにより，母親の子育てをサポートする人が減り，また父親の精神的不在なども加わり，母親が子どもに心配りするゆとりがない。

　③親自身が適切な親モデルがなかったり，二者関係の病理を持っている（親に十分愛されなかった，など）ため，親子関係が不安定である。

　④夫婦不和のため母親の心が不安定で，子どもに十分な愛情を注げない。

　⑤親の愛情表現が不器用で，子どもを上手にほめたり元気づけたりできない。

さらなる問題　(2)二者関係の欠乏が子どもの学校生活にもたらす問題

　①教師から，愛されよう，認められよう，先生の愛情を独占しようと必死で，自己中心的行動や集団をかき乱す行動に走りやすい。

　②三人の関係になると，仲間外れや嫉妬，意地悪などが生じ，仲良く三人関係を維持できない。

　③協力や協調が求められる集団活動にうまく参加できない。

④教師が集団に向かって投げかける集団的指示を聞くことができず，指示した直後に「先生これどうやんのー」といま言ったばかりのことを聞いてくるなど，一対一でないと教師の指示が通じない。

二者関係の病理　(3)二者関係の病理を抱える子

子どもの中には安定した二者関係が足りなかっただけではなく，幼い頃に虐待されたり，家庭不和のため心に傷を負ったりして成長した子もいる。そうした子どもの指導には困難をともなうことも少なくない。

①無表情，しゃべらない，積極的に遊ぼうとしないなど，他者とのコミュニケーションを自分から求めようとしない。

②関係がなかなか深まらない。親しい関係が築きにくい。

③やっと教師に肯定的な感情を向けてきたかと思うと，わがまま，自分勝手，独占などルール違反が出てくる。

④それらに注意を与えると，パニックになったり，過度の攻撃的行動を示したり，すねたりするような言動を示したりと，かかわりが非常に難しくなる。

⑤教師側に「かわいそうな子・気の毒な子」という気持ちと，「かかわりたくない」という気持ちの葛藤状態を引き起こしやすい。こちらの心の深い部分が揺り動かされることが

Attention!　「人の良さ」体験の多い子・少ない子

子どもたちは人間の「良さ」を，どれだけ体験して育ってきているだろうか。誰かの傍に行ったら，やさしく声をかけてもらえた，楽しかった，あたたかかった，よく話を聞いてもらえた，慰めてもらえた……。こんな体験をたくさんもっている子どもは，自分の気持ちを素直にあらわし，人の言葉を信じ，安定した人間関係を築くことだろう。反対に，こうした体験が少なかったのだろうな，と思われる子もいる。読者がもし，この子は「人の良さ」体験が少ないと感じられたら，「よし，私との関係だけでもいいものにして，少しでも『人の良さ』を体験してもらおう」と思って欲しい。

15　二者関係を求める子どもたち

ある。

⑥親も何らかの問題を持っていることが多く，十分な協力を得られない。ときには，親もこちらの心をかき乱すような言動をとることがあり，かかわりには配慮を要する。

◇まとめ◇　このように考えよう

　まだ私がカウンセラーになりたての頃，退職間際の女性教師がこんな話をしてくれました。「私たちが若い頃，小学低学年の子で女の先生の腰にしがみついてくる子を見ると，お母さんがいなかったり，病気だったりする子がほとんどだった。でも，いまは元気なお母さんがいるのに，べたべたしてくる子がいる」と。当時はそれほど気にもとめなかったのですが，最近この話をよく思い出します。その頃から少しずつ増え続けてきたのでしょう。

　教師に二者関係を強く求めてくる子どものことを知れば知るほど，読者は気の毒に思うに違いありません。子どもたちはそれぞれ，母親が蒸発，子どもの養育に無関心，父親が暴力をふるう，幼い頃から家庭不和など，それなりの背景をもっています。精神的に気の毒な状況の中で生きてきた子どもたちがほとんどです。そんな子だからこそ，しっかり受けとめてやりたいと思われるのではないでしょうか。そのような子どもがごく少数で，他の子どもは比較的落ち着いていれば，そうした教師のあたたかさや熱意がストレートにある子に向けられても，それほど問題は生じないかもしれません。

　しかし，現代の状況は非常に異なります。教師が一生懸命やればやるほど，無力感と徒労感に襲われます。何かが根本的に間違っているのではないだろうか？　こんな疑問すらわいてくるのです。

　私の予測では，子どもが教師に強く二者関係を求めてくるという傾向は今後ますます強まると思います。今後に備えて，教師は何を心がけなければならないのでしょうか。

　［家庭のあり方や家庭教育のあり方の見直し］　家庭でしかできないこと，親子関係の中でしかできないことがあるはずです。家族団欒，親子の語らい，しつけ，基本的生活習慣の確立……。あらゆる面で親子関係と家庭生活は子ども

の精神発達の「芯」となるものです。学校教育の側からこれらの大切さを，具体的に伝えていく必要があります。

［初期教育の工夫］「ピカピカの小学生になった」という気持ちの切り替えが，いまの子ども（と，保護者）にどれだけあるでしょうか。ある子にとっては保育園や幼稚園の延長にすぎず，ただ先生と教室が変わっただけかもしれません。「入学しても気持ちは園児」という子もたくさんいるはずです。入学後，学校なりに初期教育のカリキュラムで，子どもたちの心の切り替えをはかるのです。この時期に，前述したクラスの子どもとクラス全体の教育診断を行うのです。

［教師自身の心のケア・癒し］　教師の心がどんどん追い詰められていくように思います。互いに語り合ったり支え合ったりする時間的ゆとりがまず必要です。教育的営みについて気軽に相談できるようなカウンセリングシステムも必要でしょう。各自が自らの心の癒しとなるものを持つことをすすめたいのです。

参考文献
氏原寛ほか編『心理臨床大事典』培風館，1992

> **● Final Check**
> □ 教育診断を行い，クラスに二者関係を強く求める子どもの数や質を把握する。
> □ 二者関係を求める子が多いクラスでは，直接的「抱っこ」ではなく，言葉や，表情，評価コメントなどによる間接的「抱っこ」が効果的である。
> □ 集団指導の中でいかに二者関係を満たすか，指導の工夫が求められる。
> □ 今後ますます重要な問題になるため，対応策を模索しておく。

コラム4　■「歩み寄る」努力も■

向田邦子の「笑う兵隊」というエッセーの中に次のような一文がある。

「戦争に負けて，GIが入ってきた時，私は一番びっくりしたのは（中略）一人一人，まるで仮縫いでもしたように体にピッタリ合った制服と，ガムを噛み噛み仕事をしていること，そして，よく笑うことであった」。

「仮縫いでもしたように体にピッタリ合った制服」に驚いた背景には，当時，兵隊だけでなく多くの国民が「合う，合わない」などおかまいなく，とにかく何か着られればよいという窮乏生活があった。

世の中がまだ貧しかった頃「合わせる」ことはごく普通のことだった。子どもはお下がりのダブダブの服のそでをまくって，靴の中に詰め物をして，ごちそうを食べたつもりになって間に合わせた。草野球のルールも時々のグローブの数や広場の大きさに合わせて変わった。子どもたちは与えられた環境と折り合って生きることを「貧しさ」や「不足」から学んだのかもしれない。

しかし世の中が豊かになるとともに，自分に合った服，合った食べ物，合った仕事を求めはじめる。国家や世間への協調性が過剰に説かれ我慢を強いられた前時代への反発もあり，「合わせること」は軽視され，自分の好みや個性に合うものを求めて心を満たすことがごく普通なこととなった。

いま，子どもたちはよく「合う，合わない」を口にする。「あの子とは合わない」「このクラスは自分に合わない」。子どもばかりではなく，大人の口からもこうした言葉をよく聞く。「この大学は私に合わない」「この仕事は私に合わない」。

しかしこの世の中に自分に合う人なんてはじめからいるわけがない。「合った」と感じるためには，互いが歩み寄る努力が必要だ。自分に合う「クラス」も「学校」も「会社」も，自らが「慣れよう」「合わせよう」という努力なしには存在しない。

近年ますます増えてくる不登校，中途退学，中途退社を考えたとき，子どもの発達課題の中に「合わない時の葛藤能力」と「適度に合わせて生きていくための調整能力」を加えてはどうだろうか。

V

不登校に取り組む

V 不登校に取り組む

・16・
不登校への早期対応

「悩まない」不登校が多くなったと言われます。現代の家庭状況や社会状況をふまえて早期対応を考えます。

　［最近の小学生の不登校］「かんたんに休む子が増えた」「悩まない不登校」といったことが最近よく言われます。不登校は特別な子に起こる問題ではなく誰にでも生じ得る可能性がある，という見方もすっかり広まりました。実際，不登校児の数は増え続け，家庭でも学校でも以前ほどの深刻さがみられなくなったかわりに，「原因・背景のわかりにくさ（穏やかに進行し，気がついたときには不登校になっている）」「きょうだいそろっての不登校」「長期化」「不登校とともに生じる問題の多彩さ（家庭内暴力，非行，行為障害，人格障害）」などの新たな問題も生じています。

　また家庭教育機能の弱まり，フリースクールやサポート校など学校以外の受け入れ機関の増加，不登校児への理解や教育についての学校側と家庭側の見解の不一致，相互不信といった問題も派生し，不登校児への指導は非常に多様化かつ複雑化したといえます。

　［悩み多い指導］「不登校児にどうしてやるのがよいのかわからない」という声を多くの先生方から聞きます。忙しい時間をやりくりして家庭訪問をしても，子どもも会おうとしないし，親の方も迷惑そうな顔をする。そっとしておこうと思っていると，「こんどの先生は何もしてくれない」といった親の不満の声が聞こえてきます。学校がおかしいとマスコミからは批判され，学校がすべてではないという主張もなされます。そんな中で教師としてのアイデンティティすら揺らぎそうになるのが，現実ではないでしょうか。いま，教師として，不登校問題にどのような取り組みが可能でしょうか。

●問題●

　小学3年生A子。最近クラスの中で気になることが多い。表情が乏しくなり、「～がにらんだ」「足が痛い・お腹が痛い」「家に帰りたい」などと担任によく訴えに来る。体育の時間は体の不調を訴えて見学することが多い。休み時間も遊びの仲間に加わろうとせず、ひとりでぼーっとしている。専科の教師が担当する音楽や図工の時間に保健室に行くこともよくあるという。最近では月曜日の欠席が増えてきた。このまま不登校状態になるのではないかと心配である。

　こんな状態の子どもがクラスにいたら、あなたはどのようなアプローチをしますか。(1)A子の問題をさらに理解するために、(2)とりあえずA子の"危機"を救うために、の二つに分けて考えてみてください。

TRY　回答を書き込んでみよう

(1) A子の問題をさらに理解するために

_____
_____
_____
_____

(2) A子の"危機"を救うために

_____
_____
_____
_____
_____
_____

16　不登校への早期対応

○回答○

(1) A子の問題をさらに理解するために

変化に注目する
①これまでの出欠状況や成績の変化を調べる。（休みの明くる日に欠席が多い，ある時期を境に急に成績が下がっている，などに注意。）

心の表現
②作文，答案，絵画その他の提出物などを，A子の表現に注目しながらもう一度目を通してみる。（さり気なく救いを求めるメッセージが表現されていることがある。）

家庭状況の把握
③家庭調査票や親の保護者会などへの参加状況などを改めて検討する。（家庭状況や親のA子の学校生活への関心度などについて調べる。）

同僚からの情報
④養護教諭，専科教諭，前担任，きょうだいの担任などから情報を得る。

⑤A子本人から最近の様子について直接聞いてみる。（放課後，他児にあまり気づかれないように配慮し，静かな雰囲気で尋ねてみる。）

本人とクラスメートへのはたらきかけ
⑥必要に応じてクラスの他児からA子の友だち関係や放課後の様子などの情報を得る。（A子が特殊視されないよう，同時に何人かの子どもたちも話題にするなど配慮を要する。）

(2) A子の"危機"を救うために

親との面談
①A子の親と面談する。電話ですますか，こちらから家庭訪問するか，それとも親に来校してもらうかは，親に決めてもらった方がよいが，できるだけ直接話し合う方が望ましい。「～なので困っている」ではなく，「～なので心配している」と，あくまでA子の成長を援助する立場で話すよう心がける。また「一緒に考えていきましょう」と，親とともに歩む姿勢を伝える。

②面談のポイント。「親として最近，気になること」「家庭

での様子」「過去の不登校（園）体験の有無」「親からみたＡ子の性格」「（登校しぶりなどがあれば）これまでの親なりのはたらきかけとそれへのＡ子の反応」「学校に求めること」など。

心理的サポート　　③学校生活の中で心理的サポートを強める。（声かけを多くする。小さなことでも認め励ます。放課後"お手伝い"をさせながらおしゃべりするなど，一対一の関係を増やす。その日あったプラスの出来事を家庭に伝え，家でもほめてもらうようにする。「登校」を優先し「勉強」は登校が安定してからにするよう親にも理解を求める。）

分離不安への対応　　④登校過程で親と離れられなくなる「分離不安」が見られるときには，本人の気持ちが安心するよう親との同伴登校を認め，場合によっては親が教室で見守ることも認めてやる。本人の状態に落ち着きが見られたら，廊下で待機→保健室や職員室で待機→校門まで同伴→通学路の途中まで同伴……という具合に，徐々に一人通学に戻していくとよい。

「そっとしておく」ことについて　　〔留意点：そっとしておくか否か〕　低学年であればあるほど，問題はこじれていないことが多い。とくに過去に不登校（園）歴がない場合には，はじめから「そっと」するのではなく，登校に向けたはたらきかけをまず試みた方がよい。

Attention!　小学生の不登校のサイン

事例にあげた「表情が乏しくなり，元気がなくなる」「ささいなことを訴えに来る」「体育の時間見学が多くなる」「ひとりでぼーっとすることが増える」「保健室に行くことが多くなる」「月曜日の欠席が増える」などのほかにも，「理由のはっきりしない欠席が増える」「遅刻・早退が増える」「活動がのろくなる」「何となく教師のそばにいたがる」「頭痛・腹痛・嘔吐・下痢・発熱などがよく見られる」「怒りやすくなったり泣きやすくなったり感情的に不安定である」「成績が下がる」「宿題や提出物などを忘れがちになる」「集中力がなくなる」などがある。

□応用□ 類似ケース

大人びた優等生

小学5年生のB男。勉強も運動もよくできるというタイプの子で、4年生までは学力がトップクラスでした。大人びた面があり、ものおじしない子でもあったため「フクタン（副担任）」というあだ名までついたほどです。そんなB男が、4年の中頃から時々休むようになったのです。親からの連絡も、ときには「風邪」だったり「お腹が痛い」だったりですが、いまひとつはっきりしません。ずっと休み続けるわけではなく、1日休んだら次の日は元気にやって来るといった感じで、月に1、2回一定の間隔をおいての欠席でした。何となく気になる行動が見られだしたのは5年生の春の連休明け頃からです。

不思議な出来事

学級担任のC先生（女性）が机で仕事をしていると、後ろからおんぶするように抱きついてきた子がいます。クラスにはまだ幼いタイプの女の子も何人かいて、時々べたべたしにくるので、その中の誰かかなと思いました。しかし、それはB男だったのです。C先生は内心驚きましたが、「だーれだ、こらー重いぞ」などと言いながら何食わぬ顔で仕事をし続けていました。B男はしばらくべたーと先生の背中にくっついていましたが、ふと我に返ったようにぱっと離れ、黙って行ってしまいました。

母親の不安

これは何かのサインかなと感じたC先生は、B男の家に電話しそれとなく最近の様子を尋ねてみました。すると堰を切ったように母親が最近のB男について話しはじめたのです。いままで親に逆らうこともなく順調に育っていたB男が、それまで通っていた塾を「どうしても嫌だ」といって強引にやめてしまったのは2か月前、春休み直前でした。両親で理由を尋ねても頑として言おうとしません。そればかりではな

く，5年になってからは毎日のようにクラスの誰かれのことを批判してばかりいるというのです。「うそつき野郎」「ひきょうな奴ら」「不良」などとこれまであまり使ったことのない言い方で，感情をあらわにひとしきり母親に訴えます。その程度のことで，と思うことがほとんどなので，取り合わなかったり，たしなめたりすると，イライラしはじめ，今度は母親を「テメエ」呼ばわりで非難しはじめるというのです。あれほど一生懸命取り組んでいた勉強も最近ではまったくしなくなり，ぼーっとテレビを見ることが多い毎日，とのことでした。

息切れのサイン　他児よりしっかりしていた分だけＢ男には精神的負担が大きかったのかもしれません。Ｂ男のように優等生が息切れてきたときには「完全癖にとらわれる」「不寛容になる」「退行」といったサインがあらわれます。後でわかったことなのですが，Ｂ男の欠席の本当の理由は身体不調ではなく宿題を完璧にやろうとしてできなかったとき，親に頼んで休んでいた欠席でした。他人への「不寛容」も心のゆとりが枯渇するために生じるのです。退行があらわれるのも「しっかりしていては損だ」と無意識に思うからでしょう。

Attention!　**何事も起こっていないときの大事さ**

不登校の原因は非常に複雑で，多くの場合家庭的要因，本人の資質的要因，学校要因，社会・文化的要因などが絡み合ったものである。それゆえ，一方的に家庭にのみ求めるのも，また学校や担任教諭にのみ求めるのも間違いだろう。しかし教師として，学校生活が子どもにとって楽しく，魅力に満ちたものであるよう心がけることは大切である。家庭で心が満たされなかった子どもも，学校に来たら元気になった——そんなクラスでありたいものだ。クラスの中に不登校やいじめなど問題が生じていないときにこそ，たくさん"貯金"しておくのである。その"貯金"が，いざ何事か起こったときに必ず役立ってくるからである。

◇まとめ◇　このように考えよう

　不登校への早期対応を考える際にポイントが二つあります。一つは事例のように心の危機のサインに気づき、「不登校」という視点から子どもや親にかかわることです。二つめは、その子がどのような「必要性で」不登校になりかかっているのかをある程度把握することです。人間には生存に不必要なことは生じません。何か必要だから不適応行動が生じるのです。いじめなど学校で起こっている危険を回避したい、居心地が悪くて苦しい、くたびれたから休みたい、歩調をゆるめて自分のペースを取り戻したい、心のエネルギーが枯渇しかかっている、心に生じている危機を知らせたい、これまでの生育上自分に欠けたものを補いたい、親や先生に自分の存在を認めさせたい……等々。

　私は不登校への対応を考える際に、登校行動の何につまずいたのかをチェックするようにしています。「登校行動」とは、少々つまらなくとも、つらくとも学校生活に参加する行動のことです。登校行動の条件として次の四つがあります。

　①「学校は休んではならない」という内的規範が身についている：塾や他の習いごとと学校は次元が異なり絶対的なものだという認識が、子どもにも親にも存在している。また、自分の体や家庭によほどのことがない限りは休まないという心構えができている。

　②プラスの学校体験を得られる：勉強がおもしろい、友だちづきあいが楽しい、授業や児童会活動などで充実感や達成感を感じる、先生が好きで会うのが楽しみである、クラスに居場所がしっかりある、学校だと家での嫌なことが忘れられる、といったプラスの出来事を学校で体験できる。

　③外に向かうエネルギーがある：家庭が落ち着いていて家から外に出るのに不安がない、大事にされたりかわいがられたりして心にエネルギーが十分補給される、心のエネルギーが足りなくなったとき、人に甘えたり自分の気持ちを表現したりして自分でエネルギーを補給する仕方を知っている、家庭の中に子どもを外に向かって押し出すエネルギーがある、など。

　④学校生活に十分な社会的能力が身についている：集団の中にいることに耐

えられる，協調・協力・共感・競争のバランスがとれている，友だちや先生との間に問題が生じたとき，自己解決していく能力をもっている，自己コントロールができる，困難に出会っても我慢する耐性が育っている，など。

　これらの条件が完璧ではなくとも，ある程度バランスよく子どもの中に備わっていてはじめて登校行動が可能になるのではないでしょうか。

　しかし現代ではこうした条件がかなり崩れてきていることも事実です。たとえば学校は昔に比べて「絶対的な」存在ではなくなり，塾や習いごと，あるいは家庭におけるレジャーなどと対等に考えられるようになりました。都会では中学受験近くになると学校を休んで塾通いする子もめずらしくありません。学校を休ませて旅行に連れて行くといったことも，昔ほど後ろめたさなく行われています。また学校は朝家を出て，夕方帰る，という親の仕事のリズムと同調していたのですが，最近では大人の仕事の形態が多様化し，朝，子どもが家を出るときにまだ寝ている親も少なくありません。こうした社会・文化的変化のほかにも，学校でのスケジュールが過密化し子どもも教師も心にゆとりのない学校生活を送らざるをえないこと，家庭の構造がきわめて不安定になり子どもも親も精神的にハングリーになりがちであること，子どもが社会的能力を身につけるためのモデルも機会も激変したこと，など登校行動は難しくなっているのです。

Final Check

☐ 不登校の早期対応として，サインに気づく，子どもについての情報を整理して理解を深める，子どもの心にエネルギーが補給されるようなはたらきかけを行う，親の不安を支える，などがある。

☐ はじめから「そっとしておく」のではなく，何らかの登校に向けたはたらきかけを試みる。ただし無理はしない。

V 不登校に取り組む

·17·
長びく不登校への対応

別の担任だったらもっとうまくやれるのでは——こんな自問自答をしている先生もいるのではないでしょうか。

［子どもにとっての長期化］　毎日当たり前のように通っている学校も，いったんその流れから外れると，流れに復帰するのに大変なエネルギーを必要とするのかもしれません。

　あっという間に勉強は進んでいきます。新たな学校行事の準備が始まります。何よりもクラスの人間関係が変わってしまうのです。激流もあり，渦もある学校生活という大きな流れに戻ろう，戻ろうと思いながら，流れに乗ることができずにクラスの仲間からはどんどん引き離されていく……。こんな思いを不登校児は体験するのではないでしょうか。

　学校生活の流れに乗ることをあきらめ，家庭という小さな水溜まりの中に腰をすえる，あるいは学校とは別の，もっとゆるやかな流れ（フリースクール，カウンセリングルーム，適応指導教室など）に身をおく。これが不登校が長期化した場合の子どもの生き方ではないでしょうか。

［教師にとっての長期化］　気にはなりながらもどうしてよいかわからない，こんな思いを担任教師は抱くことでしょう。教室の中で，不在の子どもの席がぽっかり穴が開いているのを見るたびに，「いま何かはたらきかけるべきではないか」「ずるずるとこのままの状態でいいのだろうか」といった疑問が自らの内にわいてきます。ときには周囲から「ちょっとは家庭訪問でもしてあげれば」といった非難がましい声も聞こえてくることがあります。長期化すればするほど，「家庭」の壁は厚く，教師からのはたらきかけは簡単には届きそうもありません。不登校の子どもと同様に，担任教師も苦しいのです。

●問題●

　G男は小学4年生。この春他市から転校してきた。始業式の日，一日登校しただけで，あとは休み続け，結局1学期は始業式以外は全休だった。欠席理由は，はじめは風邪，腹痛と身体的理由だったが，親を呼んで面談を行った結果，身体的には問題がなく，理由のはっきりしない不登校であることがわかった。前の学校でも不登校状態が続いており，「何とかやり直したい」というG男の願いもあっての転校だったという。母親は，学校不信感が強く，学校からのはたらきかけは望まないという。担任が電話しても本人を出そうとはしない。最近では欠席連絡もなくなり，担任としては放っておくほかないのかとあきらめの境地である。
　そんななか，クラスの数名の児童がゲームセンターで遊んでいるG男親子を目撃し，「ずる休みだ」といった非難の声もわき起こった。

この事例をもとに，長期化した不登校の指導方法について考えてみましょう。

TRY 回答を書き込んでみよう

(1) G男のように転入時すでに不登校状態にあり，本人の状態についての情報がきわめて少ないとき，どのような方法でG男についての理解をはかりますか。

(2) 親が学校からのはたらきかけを望まないとき，担任としてどうしたらよいでしょうか。

(3) 不登校状態が長引き，変化がまったく見られないとき，あなたならどんな対応策をとりますか。

(4) クラスの他児にはG男のことをどのように説明しますか。

○回答○

(1) G男についての理解方法

元の在籍校から情報を得る

①転入以前の在籍校と連絡をとり，不登校状況（休みはじめた時期，きっかけ，休みの形態——連続的か断続的か），旧担任がとらえたG男像，友人関係，家庭的背景，保護者の協力度，指導上の留意点などについて情報をもらう。本来，こうした情報は保護者から直接得られた方がよいのだが，思うように得られないときには元の在籍校に事情を説明して情報を得る。不登校問題の背後にあるさまざまな事情を把握することで，はたらきかけが的確さを増し，不要なトラブルを防ぐことができるからである。

親との信頼関係を形成する

②親との信頼関係の形成に努め，G男についての現在の情報を得るよう試みる。親の学校不信感は，これまでの学校の対応の結果かもしれない。「お母さんとしては，学校にどうしてもらいたかったですか？」「一緒にG君の成長を見守っていきましょう」と，学校が親の味方であることを伝える。

(2) 担任としてのかかわり

"出直し願望"に注目する

①学校生活を「やり直したい」というG男をみんなで応援していくことの大事さを親に伝える。

学校生活への足がかり

②見知らぬ学校に転入して途方に暮れているG男が新しい学校生活に少しでも足がかりを得られるように，担任なりのはたらきかけをしたい旨を伝える（その際，直接的な登校刺激はしないこと，勉強については触れないことを伝えておく）。

具体的方法

③親の了解を得て，担任の自己紹介カード（写真つき），クラスのメンバーの写真と名前（「気はやさしくて力持ち」など，明るく短い紹介文もあった方がよい），学校の見取り図などを送る。

親からのフィードバック	④それらのはたらきかけに対してのG男の様子を，親からしらせてもらう。

(3) **変化がみられないとき**

不登校状態の長さや変化のなさと，不登校児とその家族が抱える問題の深さは相関が高い。「しばらく休まざるをえない何らかの事情があるのだろう」ととらえ，細々とでもつながるよう努める。定期的な親との面談，本人へのカードなどによる短い通信，相談機関などの紹介などがこの時期の対応として考えられる。

細々とつながる意味	細々とつながり，家での情報を聞いているうちに「調子が上向きになってきた」「いまが本人にはたらきかけるチャンスだ」などと気づけるのである。
他児へのはたらきかけ	(4) **クラスの子どもたちへの説明**

「少しでも外の空気を吸い，お日さまを浴びた方が身体によい。みんなも，そうだろう。G君は外に出る練習をしているのだ。ずる休みではない。だから外で会ったときには『やあ』と言って挨拶してください。それが励ましになるんだよ」とはっきり伝えておく（学校復帰の際に，クラスの他児の態度は，重要なポイントとなる）。

Attention! 　　親の「学校体験」

親が学校不信になる原因はさまざまあるが，親自身の学校体験に源を発することがある。親自身が子ども時代，対教師との関係で嫌な思いをした，心を傷つけられた，いじめられた……といったマイナス体験を経験していることが少なくない。それとなく「お母さんは，小学生時代，どんなお子さんでしたか？」と聞いてみると，親の学校体験が語られることがある。そんなときには，教師としてこんなふうに思って欲しい。「お母さんが，ちょっとでも，『先生に会ってよかった，先生ってそんなに嫌な人でもひどい人でもない』と思えるような出会いにしよう」と。

□**応用**□　長期化にともなう問題

フリースクール

Q：フリースクールには通っているらしいが，学校へは向かおうとしない。

A：フリースクールへ通いながら，フリースクールでの生活についていろいろと担任に話せるようになることがまず目標です。そのためにはフリースクールに通うことを非難したり，否定したりしないことです。子どもが社会化するための大事な機会ととらえ，どのように語るかを注意深く耳を傾けることです。もしかすると，フリースクールでも学校と同じ問題につまずくかもしれません。元気に通うようであれば，フリースクールのどんな要素がその子にとってよかったのかを検討します。「そんな所に通えるなら，学校に来れるはずだ」といった対応が，親子の学校不信を招きます。教育を広く考え，子どもの心が家庭の外に向かい出し，社会的場面に参加しはじめたことを丁寧に見守りたいものです。

"居心地のよい"家庭

Q：「家庭で気ままに暮らして居心地が良すぎるため学校へ来ようとしないのではないか」という疑問がわくことがある。

A：学校に来ないのは家の居心地がよいためでしょうか？　居心地を悪くすれば不登校は治るのでしょうか？　そんなはずはありません。一見気ままに過ごしている子どもも，本当に幸せな状態ならば他の多くの子どもたちと同じような生活を望むのではないでしょうか。こうした子どもの場合，学校側が把握していない複雑な背景があると考えた方がよいのです。外側から「揺さぶる」作戦が妥当なのは，両親ともに協力的で，家庭も安定し，子ども本人も周囲から愛情をたっぷり受けていると判断された場合のみでしょう。

しかしそうした疑問がどうしてもわくような場合には，率

直に親や本人に話してみてもよいのです。「仮に居心地を悪くしたら君はどうするだろうか？」と。そこから膠着状態が開かれるかもしれません。

Q：親の生活が不安定で，子どものことは放任状態である。

親にゆとりがないとき

A：経済的理由や精神的理由などのために，親の側が「子どもの教育どころでない」状態のため，子どもが不登校になっている例があります。家庭の教育力がきわめて乏しく，子どもが放任状態となっている場合です。こうした例では親の協力がなかなか得られず，家庭の内側から子どもを押し出すはたらきが弱いため，子ども本人は神経症的要素が少なくても，ずるずると不登校状態が続いてしまいます。①担任やクラスメートと会ったりするのを避けようとしない，②強く誘うと登校することもある，③ゲームセンターや盛り場などを徘徊するなど怠学的要素が多い，といった特徴がみられます。こうした子どもの場合，そっとしておかずに何らかの手を差し伸べた方がよいのです（学校行事のときに誘う，時間的ゆとりがあるときに家庭訪問し一緒に時を過ごす，ボランティアの青年に面倒をみてもらう，など）。親に対しては責めたりせずに労をねぎらい，少しでも心にゆとりが生まれるようなかかわりが必要です。

Attention! 　　専門機関との連絡の方法

「連携が大事」とよく言われるが，教育相談所や病院などとの連携は結構難しい。理由の一つは連絡のつきにくさである。心理のスタッフなどは非常勤勤務であることが多く，また相談業務中は電話に出ないことが多い。担任側も，休み時間や放課後など限られた時間しか電話連絡はできない。手紙，ファックス，パソコンでのメールなどスムースな連絡方法を工夫すべきだろう。いずれの場合でも，一度は担当者と直接会っておいた方がよい。保護者が伝える専門機関の指示や助言に疑問を感じたときには，率直に尋ねた方がよい。

◇まとめ◇　このように考えよう

　[長期化とは]　背景となる問題が単純な一過性の不登校の場合，適切なかかわりさえあれば，だいたい3か月以内に再登校にいたります。もし不登校状態が3か月以上続くような場合は，長期化と判断してよいでしょう。この場合には子どもにかかわる教師や親側の気持ちの切り替えが大事です。つまりこれまでの再登校へのはたらきかけをいったん脇において，この子の不登校はどのような必要から生じているのだろうと考えるのです。親からもう一度生育歴を聞き直したり，これまでの学校生活を前担任や同学年の同僚教師らとともに検討したりして，「腰を据えた」かかわりを考えます。
　[担任ひとりで抱え込まない]　長期化のケースには複雑な背景があったり，対応困難な時期があったりと，担任の方の精神的負担も大きくなります。管理職や学年主任，教育相談係，同学年の同僚，スクールカウンセラーなどと重荷を担いながら，できる限り心にゆとりをもって指導にあたるよう心がけます。
　[親と定期的に面談する]　はじめはまったく動き出すようには見えなかった子どもも，時間の経過とともにかすかに動き出します。しかし，学校にやって来るといった大きな動きではないため，親の情報がないとわかりません。「退屈感を訴える」「家で活動的になる」「"外"の情報を知りたがり，本などを買ってくるように親に頼む」「買物に行く」といったその子の情報を得るためにも，また，親の心の安定をはかり，子どもが回復しやすい環境を作るためにも，定期的な面談を行っていきます。
　[専門機関を紹介する]　長期化するケースは，それだけ深く複雑な問題がその子自身や親子関係，家庭内の人間関係などに隠れている可能性が高く，専門機関でのカウンセリングなどの支援も必要です。普段からこうした機関の情報を得ておくと，いざというときにスムースなはたらきかけができます。紹介する際には親の方が「学校から見放された」と感じないような配慮が必要です。
　[父親の登場を求める]　長期化を克服する鍵は，父親が握っているとも言えます。もしこれまで父親が面談の場などに登場していない場合には，強く父親の参加を求めるのも長期化を打開する一つの方法です。管理職などにも協力し

てもらい，父親を交えた話し合いをもつのです。

　［**本人へのはたらきかけのチャンス**］　膠着状態にあるようにみえても，実ははたらきかけのチャンスはあるのです。①遠足など楽しい行事のとき。②あと〇日で長期休み，という短縮授業期に入った時期。③終業式の日。④新学期が始まるとき。⑤担任替えやクラス替えのある新年度開始の時期。⑥中学進学の時期……。あまり構えずに，ダメでもともとといった感じで誘いかけてみることもよいでしょう。その際，必要な用意，集合場所，当日のだいたいの予定などを子どもにあらかじめ伝えておくと不安が少なくてすみます。

　［**ときには，こちらから休ませることも**］　心身症状をともなうケースでは，本人も家族も登校しなければという意識は強く，登校できないことを悩んでいることがあります。そのストレスがさらに心身症状を悪化させるという悪循環におちいっている場合も少なくありません。そんなケースでは学校長の方から「登校停止命令」を出すのも一つの方法です。つまり「〇〇さんは身体の具合が悪いのだから，〇月〇日まで休んでいてください」といった学校公認の休みにしてしまうのです。不登校状態をできるだけ心身の回復に有効に使うためです。子どもも親も後ろめたさから解放されゆったり休めるのではないでしょうか。もちろん〇月〇日が来たら，さらに延長するかどうかを尋ね，また「登校停止命令」を出します。長期化する不登校の日々にめりはりをつけるのです。

Final Check
- □長期化ならではの困難な問題が存在する。
- □長期化ならではの指導上の留意点がある。
- □困難にみえるケースにも必ずどこかにチャンスがある。それをつかむために，細々とでもつながりを保つ。

コラム5

■夢から現実へ■

　子どもは自分をとりまく現実が厳しいとき、夢の世界に入ることで自分を救うことがある。たとえば、母親からヒステリックに叱られたときなど、「この人は、僕のお母さんじゃないんだ。本当のお母さんはもっと美人で、やさしくて……」などと、空想の中でもう一人の母を作る。こうしたイメージの力によってつらい時期を乗り越え、大人になった人もいるだろう。

　スウェーデン映画「マイライフ・アズ・ア・ドッグ（犬のような僕の人生）」はそんな空想力豊かな少年が主人公である。父は蒸発、母は病弱で時々不機嫌発作に襲われる。兄からはいつもいじめられる。つらいとき、少年は自分よりもっと運の悪い人を思い浮かべることにしている。原住民に殴り殺された宣教師、ターザンをまねて高圧電線をロープがわりにし即死した人、オートバイでバスを飛び越える記録に挑戦して死んだ男、そして人工衛星に載せられ地球を50日回り餓死したライカ犬。最愛の母が死んだときにも、少年は思う。「こういうときは、ライカ犬のことを考えよう。それよりは僕は運がいい」と。

　ある子にとって空想は心をいやす。現実がどうにもならないとき、空想で現実に耐えることもできる。空想の中では、いじめた相手をやっつけ、嫌な先生に復しゅうし、みじめな自分の境遇を変えることができる。

　やがて成長とともに子どもは等身大の自分と世の中を知っていくのだが、どっぷり空想の世界に入りこんでしまい、出て来なくなる子どももいる。その子の現実があまりにも苛酷であったり、誰も現実側からはたらきかけてこなかったり、空想以外の表現方法が閉ざされている場合である。主人公の少年もあまりにもつらいときには、一時的に現実のかなたに行ってしまい本当のライカ犬のようにワンワンとほえ続ける「危ない」側面も持っていた。

　神戸の被疑者の少年のことを考えていたら、無性にこの映画を見たくなった。ライカ犬の少年は、田舎の村に引き取られる。豊かな自然、のんびりした村の生活。何とも言えないあたたかみ。その村での多くの出会いによって犬から人間の心へと少年はいえていくのである

VI

いじめへの指導的介入

Ⅵ　いじめへの指導的介入

・18・
いじめの生じやすいクラス・生じにくいクラス

> いじめはどのクラスにも生じるわけではありません。生じやすいクラスと生じにくいクラスがあるのです。

　はじめに，いじめ問題についてのさまざまな議論や試みが生じると必ず出てくる「いじめをなくすことなどできない」という考えについての，私なりの考えを明らかにしておきたいと思います。

　人間のもつ生得的な攻撃性や，人類が過去に繰り返してきた多くの暴力や殺戮の歴史などを根拠として論じるそういった考え方は，私たちの心のどこかで「そうかもしれない」と同意する部分もあり，教育の場でいじめ問題と取り組もうとする私たちの心に徒労感や無力感をもたらします。しかし私は「いじめを完全に根絶することは不可能かもしれないが，減らすことは可能である」と考えています。歴史をひもとくと，いつの時代も人間が争いや戦いを繰り返し，暴力や殺戮におびえていたわけではありません。リンチや村八分，嫌がらせといった大人のいじめも，人々がある条件下におかれたときに，より生じやすくなるのではないでしょうか。

　その条件については，今後もより解明されなければなりませんが，①その共同体が閉じられている，②自然の厳しさや貧しさ，将来への不安，他からの疎外や収奪にさらされているなど，慢性的なストレスが存在する，③変化の少ない単調な生活を送らざるをえない，といった条件をまず考えることができます。

　こんな条件があなたの学校やクラスに存在しませんか。いじめ問題の解決の一つに，いじめが生じやすくなるこうした条件に目を向け，改善していくという方法が考えられます。

●問題●

あなたのクラスの子どもの状況，あなたと子どもとのかかわり，保護者とのかかわりなどで当てはまるものをチェックしてみてください。

□塾・習いごと・スポーツ教室などサブスクールをいくつもかけ持つ子どもが多い。
□私立中学校進学希望者が多く，受験ストレスを持つ子どもが多い。
□家庭で放任されている子どもが多い。
□授業についていけない子が多い。
□慢性的疲労感や私生活，職場での悩みなど，自分自身精神的ゆとりがない。
□子どもと一緒に遊ぶなど授業以外の子どもとのかかわりがあまりない。
□授業以外に子どもたちと言葉を交わすことが少ない。
□子どもたちを叱ることや注意や小言が多い，と思う。
□「えこひいき」と子どもたちが言うことがある。
□「差別されている」と思い込んでいる子どもがいる。
□子どものふるまいで，何が許され，何は許されないかの基準が自分でもよくわからない。
□他人に迷惑をかけたりルール破りしたりする子へ毅然とした指導ができない。
□クラスの雰囲気が窮屈で，楽しさに欠けるかもしれない。
□班競争や学業をめぐっての競争関係が厳しい。
□特定の子どものみが力を発揮し，評価されることが多い。
□子どもから「よく聞こえない」「説明がよくわからない」「進むのが速すぎる」などと言われることがよくある。
□保護者との関係がいま一つうまくいっていない。
□毎日同じことの繰り返しで，教師という仕事に魅力を感じない。
□一方的に行う授業が多く，子どもたちが授業への参加感を抱きにくいかもしれない。
□自分のクラスの問題を同僚と話し合ったりすることが少ない。

○回答○

(1) 自己チェックの厳しさ

自分に向き合うことの厳しさ

　いかがですか。自分の指導やクラスの状況をありのままに見つめることは大変つらいことです。とくに，自分でもこの状態をなんとかしなければならないと思いながらも，取り組むための心のエネルギーや解決のための手がかりが得られないときには，チェックリストの項目一つひとつが心に突きささるのではないでしょうか。でも，自分のクラスの現実と自

解決策を見いだすために

分の指導のあり方を直視することからしか，本当の解決策は出てきません。ときにはいじめによって死にまで追い詰められる子どももいるのです。いじめという形で問題が顕在化する前に，改善をはかることができたらどんなによいでしょうか。

(2) クラスのいじめ度診断

いじめ度の"黄信号""赤信号"

　さて，あなたはどのくらい当てはまる項目がありましたか。
　チェック項目が11〜15個の場合には黄信号です。いじめが生じる下地は十分ありと思ってください。チェック項目が16〜20個の場合には赤信号です。クラスの中だけではなくさまざまな問題が吹き出すばかりになっています。あるいはもうすでにあちこちで吹き出しているかもしれません。

(3) いじめが生じやすいクラスの10の特徴

　いじめが生じやすいクラスには次のような特徴がみられます。

ストレスフルな子どもの生活

　①私立受験，過度なサブスクール活動などでストレスを抱えている子どもが多い（学校がストレスのはけ口になる）。
　②家庭的事情により心の中にすさみやさびしさを抱えている子が多い（親和的人間関係の良さを体験していない）。

| 学校におけるストレス | ③授業がわかりにくかったり，進度が速すぎたりする（退屈感，劣等感，苛立ちなどがいたずらや嫌がらせに）。
④子どもたちが先生から守られている，認められる，かわいがられるという実感を持つことが少なく，愛情飢餓状態におちいっている（ハングリーな心を満たそうとして憂さ晴らしをしたり，自己中心的行動に走る）。
⑤一部の子どものみが認められたり評価されたりしている（羨む心がその子への敵意や攻撃となる）。
⑥何がしてよいか，悪いかの基準が明瞭でない（いつ自分へ無法行為がふりかかるかと不安，力がクラスを支配する）。
⑦きまりが厳しすぎたり，競争関係が厳しすぎたりして窮屈な雰囲気である（表裏のある態度が形成される）。|
| 親の不信感，単調な授業，閉じられたクラス | ⑧親が教師に信頼感を抱いていない（問題のこじれ）。
⑨授業に工夫や，ダイナミックさ，魅力に欠ける（単調さ）。
⑩担任が孤立無援の状況にいたり，同僚に心を閉ざしがちである（いじめを早期発見したり適切な対応をするための心のゆとりに欠ける）。|

> **Attention!** 大人の強さを示す
>
> 教師の指示に従おうとしない，こちらの言葉のあげ足を取って反発してくる，失礼な言葉づかいをするなど，「放っておけない」と思いながらも，それによる授業の中断や，今度は他児までまきこんでのさらなる反抗を考えると，無視するなどしてつい放任してしまうことがある。こんな場合の対応は本当に難しいものである。そんなとき，一言でも投げかけておいた方がよいのではないだろうか。「きみならやれるはずだ」「そんな言い方はするものではない」「まわりに迷惑になっているんだよ」と，短くしかし強く，その子に伝えるのである。こちらの真剣さや，毅然とした態度，願いの強さなどを，自分の存在をかけて伝えたいものである。

18 いじめの生じやすいクラス・生じにくいクラス

□応用□ いじめの生じにくいクラスづくりのためには あなたならどのような工夫をしますか

子ども理解の二つの視点

(1) クラスの子ども理解を深める
 ・二つの視点で理解する。一つは個々の子どもの家庭的背景やきょうだい関係，生育歴，親とのかかわりなどを把握すること。二つめは，クラスの人間関係を把握すること。元気のない子や孤立している子，よくからかわれる子，態度が急変した子，すさみが見られる子，"裏番"として司令塔的に動く子などに注目する。

"裏番"の存在，行動の背後を見る

 ・表面的行動に惑わされず，その背後にある子どもの〈こころ〉に目を向けていく。
 ・身体症状や欠席などであらわれる〈こころ〉にも注目。

(2) 安心感を与える
 ・「キミはこのクラスのかけがえのない一員だよ」ということをいろいろな表現で伝える（名前をしっかり呼ぶ，学級通信などでその子のことを評価する，クラスの役割を与える等）。

見守り
 ・昼休みや掃除など自由度の高い時間にはできるかぎり子どもとともに過ごし，子どもたちのふるまいを見守る。

基準の明快さ
 ・何をしてはならないか，の基準をしっかり持ち，問題を曖昧なままに放置しない。

(3) 心のエネルギーを与える
 ・「わかる」楽しさを与える。

心のエネルギーの与え方
 ・自分もこの授業の主役なんだ，と感じられるように，その子に応じた活躍の場を与える。
 ・"いいところメモ"を携帯し，一人ひとりのプラス面などを気がつくたびにメモし，指導の言葉の中に入れていく。
 ・クラスの子ども同士が互いに相手の長所を発見し合う

ようなエクササイズを行う。

(4) 社会的能力を育てる

社会的能力の育成
- いま，どのような状況か，これをするとどういうことが生じるのか，といった状況判断力や予測能力などを育てる。
- 自己解決力がつくような問いかけ方を工夫する（「どうすればケンカは避けられたかな」）。

(5) 親との信頼関係を築く
- 困っている気持ちや孤立無援で不安な気持ちなどが，学校や教師への攻撃的な言葉となることもある。

親もまた困っている
- 親もまた，社会的行動が未学習だったり，心の中に未解決な問題をたくさん抱えていたりするものである。子ども同様，親なりのがんばりを認めたり励ましたり，心のエネルギーを与えることが大事である。

試みること
(6) 授業の工夫を行う
- マンネリ化しないよう，さまざまな試みをしていく。
- 子どもたちの感性に訴える教材や展開方法を。

(7) オープンな雰囲気を心がける

他者からのアドバイス
　授業を見てもらう，学級経営についてアドバイスをもらうなど，人の助力を借りることも教師の能力の一つである。

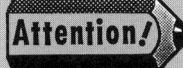

Attention!　思いやりモデルを示す

　いま，子どもたちは家庭の中でどれだけ思いやりモデルをみることができるだろうか。親子，夫婦，嫁姑の間で，どれだけ相手の立場や気持ちを思いやる行動があるだろうか。「相手の気持ちを思いやりなさい」と言われても，「思いやる」ということが何をどうすることなのか，そしてなぜ思いやることが大切なのか，実感としてよくわからない子どもが少なくない。子どもの周囲に思いやりモデルがあまり存在せず，子ども自身もあまり思いやられて育っていないからである。まずはあなたとの関係で，思いやられることのよさをたくさん体験させたいものである。

◇まとめ◇　このように考えよう

　いじめ問題にはいくつかのアプローチがあります。①いじめをどのように早期発見するか，②いじめが発生したときどう対応するか，③いじめを行う子をどう指導するか，④いじめられる子をどうサポートするか，⑤いじめの傍観者へはどう指導するか，⑥いじめをめぐって保護者をまきこんで生じたトラブルをどう解決するか，⑦いじめられてもめげない子に育てるにはどうしたらよいか等々。今回はいじめが生じていないときにクラス担任として何を心がけるべきか，についてをテーマにしました。

　実際の教室ではいじめ問題だけではなく，さまざまな問題が同時発生し，指導はそれだけ困難をきわめることもあるでしょう。私が参観した小学４年のあるクラスはこんな状況でした。

　クラスの中に学習障害と思われる男子がいます。教師の問いかけに，周囲の迷惑を考えず大声で自分勝手に返事します。授業とは関係のないことを一人でしゃべりはじめることもあります。退屈すると立ち歩いては他児にちょっかいを出したり，気にさわることを平気で言ったりして一騒ぎが起きます。他児から文句を言われるとカーッとして相手の子に嚙みついたりします。一方，その子をからかって興奮させるのをおもしろがる子もいます。男の子数人は，女性の担任教師に反抗的です。少々強い言葉で注意してもふてくされた態度を示し，従おうとしません。彼らはボス的な一人の男子の表情をうかがい，彼の気持ちをいち早く察して授業をかき乱すような行為を始めます。女子の中にも男子の行動に敏感で必要以上に騒ぎ立てる子もいます……。

　このようなクラス状況の中で，内向的で孤立的なある男子が「くさい」「ムカつく」といった言葉を投げかけられ，いじめのターゲットになりかかっていました。

　このようにどこから手をつければ良いかわからないような混沌とした状況は，現代の小学校では決してめずらしいものではないでしょう。あなたならまず最初に何を始めますか。いくつかの指導例をあげてみましょう。

　①クラス一人ひとりと個別面談を行い，二者関係（一対一の関係）をまず確

立する。

　②いまクラス担任として問題に感じることやクラスの子どもたちへの願いを率直に投げかけてみる。子どもたちの率直な声にも耳を傾けながら。

　③みんなでクラスの模様替えをする。

　④いじめ問題をとりあげ，クラス全員で"事例研究"する。

　⑤毎日の子どもたちの様子について記録を取り，先輩教諭などに助言してもらう。

　⑥ありのままの授業風景を公開し，同僚や保護者などから意見をもらう。

参考文献
菅野純「いじめが起こっていないときのいじめ予防指導」『月刊 生徒指導』24巻6号，学事出版，1994

Final Check

□ いじめへの指導的介入の一つに，いじめが生じにくいクラスづくりがある。

□ 「閉鎖的」「単調」「慢性的ストレス」がいじめの発生しやすい共同体にみられる。これらの条件を和らげることがいじめ予防につながる。

□ 子どもの行動の背景を理解し，心に安心感とエネルギーを与え，社会的能力を育てる，親との信頼関係を築き，魅力的な授業やオープンな雰囲気を心がける，などがいじめの生じにくさにつながるのである。

Ⅵ いじめへの指導的介入

・19・
いたずら・いじわる・いじめの境界

> いじめといたずら、いじわるの区別はつきにくいもの。境界の曖昧さを隠れみのに、大人の目を逃れる子もいます。

「あそび」「ふざけ」「いたずら」「いじわる」……。いじめの境界はいつも曖昧です。もともと子どもは、大人が作ったそんな境界を意識してはいないのです。

子ども時代、「ふざけ」と「いたずら」の境界を、あるいは「いたずら」と「いじわる」の境界を行ったり来たりしてあそんだ記憶はありませんか。ときには、あそんでいるうちにふざけの度が過ぎ、そのうち誰からとなく一人の子をターゲットにいたずらやいじわるをしはじめた——こんなことが子どもの世界ではよく生じるのです。

また、小学校低学年では、言葉や行動の粗雑さやコミュニケーション能力の未発達のために、結果的に「いじめ」様の問題になってしまうこともあります。たとえば、言動が粗雑で力の入れ加減がまだよくわからない子とペアになった子が、相手の子を恐れ、「いじめられている」と感じてしまうことがあります。相手にかかわりたい気持ちをうまく表現できないため、いたずらや悪ふざけになってしまい、相手の子を苦しめてしまうこともあります。ときには相手の言葉や行動の背後にあるあそび心をうまく読めないために、「いじわるされている」「いじめられている」と被害的に感じてしまう場合もあるでしょう。

しかし、中・高学年になると、こうしたいじめ境界の曖昧さを巧みに利用したいじめが出現することも確かです。無意識的？　偶然？　意図的？　作為的？……。ときには教師までが「本当はいじめなのか、あそびなのか」よくわからなくなってしまうこともあるのではないでしょうか。

●問題●

　K男は小学1年生。何かと問題を起こす。問題の多くは彼の幼さと，環境からくるものである。四人きょうだいの末っ子であるK男は兄たちにもまれて言葉づかいや行動が荒い。思うようにことが進まないと，怒鳴り散らし，周囲の子がおびえることもある。それでもどこかかわいげがあり，気持ちは決して悪い子ではないのだが。

　ある日，K男の隣の席のA子の母親から担任に苦情の電話があった。A子が毎朝，学校に行きたくないと登校をしぶるという。わけを聞くと「K男にいじめられる」という。確かにK男がA子に関心があり，何かと意識してふるまい，ときにはけなげなくらいA子にかまっていることは気づいていたが，担任としてはむしろほほえましいと思ってきた。しかしA子にとっては，それが負担でもあり，また恐ろしくもあったのだろう。K男がいじめているとは思えないが，何とかA子の恐怖心とおびえを取りのぞかなければならない。

TRY　回答を書き込んでみよう

- まずA子の母親と学校で面談することにしました。この場合，あなたならどのように面談を進めますか。A子の母親に質問すること，話すことなどあげてみてください。

- 面談のあと，K男とA子にはどのようにはたらきかけをしますか。

○回答○

(1)「いじめ」を訴える子どもの親との面談——そのポイント

①親の心労に対していたわりの言葉をかける

悩む親の心をいたわる

いじめの事実があろうとなかろうと,「いじめ」を訴えて登校をしぶるわが子に悩んでやってきたのである。まずはそうした親の気持ちを察して何か言葉をかけてあげたい。「お母さんも,つらかったでしょう」「A子さんが何とか元気になるように,一緒に考えましょう」など。

②A子が,いつ頃から,どのような言葉で,どのように親に訴えたのかを丁寧に聞く（親の思い込みや推測が入ることがあるので,どこからどこまでは推測の部分なのかを明らかにする）

よく耳を傾ける

③親としてどのようなはたらきかけをしたのかを尋ねる（それに対するA子の反応も）

親の望むもの

④親としていま担任に何を望むかを確認する（「わが子の現状をわかって欲しい」「いじめている子どもの指導をお願いしたい」「いじめている子どもと離して欲しい」「いじめている子どもを他クラスに移して欲しい」など,親が担任に望むものはさまざまである）

⑤子どもの様子についてこちらから尋ねる（「その他,お母さんが気になっていたり,心配なことはありませんか」）

「いじめ」以外の情報にも注目

「いじめられている」という言葉で,それ以外の学校不適応感や家庭の問題を訴えていることもある。子どもにさびしさや精神的疲労感をもたらす他の原因がないかを確かめる。

⑥K男とA子の関係について担任なりにとらえていることを,簡単に説明する（K男をかばいすぎない）

今後さらに注意深く見守り,もし「いじめ」が見られる場合にはきちんと指導する旨を伝える。担任なりに両者にはた

らきかけた結果をもとに，また話し合うことにする。

(2)「いじめ」──「いじめられ」当事者へのはたらきかけ

①A子と個別的に面談し，「いじめ」の実情を確かめる

誤解を解く　K男のどのような言葉，行動を「いじめ」と感じたかを明らかにしていく。A子側に誤解がある場合には，早急に説得しようとせずに，A子の立場になって丁寧に誤解を解いていく。「A子ちゃんはおうちの人から『だまれ！』って言われたことがなかったから，K君の言葉にすごくびっくりしたんだ。うん，わかるな先生も」など。

K男の行動修正　②K男には「A子ちゃんが困っているけど，助ける方法を考えてくれる」という感じで，責めたりたしなめたりせずに，K男のA子に対する好意を活かすようなはたらきかけを行う

「いじめ」る気持ちがないのに「いじめ」と受け取られてしまうのはソンだよね，とK男の行動の修正を一緒に考える。

③A子にK男の本音を伝え，先生の手伝いなど両者が一緒の場面を作り，A子のK男に対するイメージの修正をはかる機会を作る

Attention！　**女子のすさみ現象**

小学校高学年頃に，女の子の言動にすさみが見られることがある。言葉づかいが悪くなる，注意されると自分のことは棚に上げて「どうして私ばかり」と被害的になる，機嫌の悪さを態度で露骨にあらわす……。彼女たちの心を占めるのは「不当感」ではないだろうか。自分が不当に扱われている，自分の境遇だけが不当に惨めだ，といった。女子は男子に比べてしっかり者が多く，我慢強く，人の気持ちを察してふるまうことができる。しかしその分だけ周囲の大人の方も安心してしまい，気づかぬうちに重荷を担わせたり，さびしい思いをさせたりしているのではないだろうか。そんな彼女らの異議申し立てがすさみなのだ。

19　いたずら・いじわる・いじめの境界

□応用□　次は小学校高学年の事例です。「いたずら」「いじわる」と「いじめ」の違いについて考えてみましょう

【事例：考え過ぎ？　被害妄想？】

　　高学年になると，いじめの方法がかなり巧みになってきます。その一つに，言葉の表面と裏面を使い分けたいじめ方法があります。休み時間に，B子の机のまわりを幾人かの女子がぐるりと取り囲み，一人の子が断りもなくB子のシャープペンをとりあげ，さも馬鹿にしたような声で「コレ，私と同じ！」と言います。まわりを囲んだ子たちがどっと笑います。これだけなのですが，B子の方はとても嫌な，惨めな気分になります。先生が注意しても，いじめ側は同じシャープペンを見せ「いじめてなんかいません。同じだから『同じ』と言ってどこが悪いのですか！」と逆に反撃するのです。何度もこうした行為が続くのでクラスで問題にすると，「考えすぎ！」「被害妄想！」などB子に非難が集中してしまいました。何人かの子は「いじわるをしたが，いじめてはいない」とまで認めたのですが……。あなたならどう指導しますか。

より高度化するいじめ

　指導1：「いたずら」「いじわる」と「いじめ」の違いを明確にする

　　子どもたちに基準をはっきり示すことが大事です。次のような特徴をもったときに，たとえ，はじめはあそび心でも，いたずら心でも，人の心に大きなダメージを与える行為——いじめとみなされるのです。

「いじめ」の条件

　①反復性：どんなささやかでも，相手が望んでいない行為を何度も何度も続けると人の心を傷つけます。

　②同一ターゲット：あそびでも，同じ子ばかりが標的になると，あそびではなく攻撃になります。

　③一（少数）対多数：多数で一人の子あるいは少数派に何

か行為に及ぶことは，集団リンチと同じ暴力です。

④故意（意図）性：偶然に生じたことではなく，意図された行為はいたずらの中でも悪質です。

⑤構造性：実行役，あおり役，笑い役，無視役など，構造化された「いたずら」「いじわる」は「いじめ」以外のなにものでもありません。

指導2：水かけ論にならないように指導する

「いじめ」という言葉を使わない指導

「これはいじめだ」「いや，いじめじゃない」と延々と水かけ論が続くことがあります。こんなときには「いじめ」という言葉を使わないで指導することをすすめます。「休み時間に，集団で机のまわりを囲み，断りもなくその子のシャープペンをとって，『コレ，同じ！』とさも馬鹿にしたように言う。あなたならそのようにされたらどんな気持ちになる？」と，ひたすら行動レベルで話を展開するのです。

やられている子の立場に立たせる

いじめられている相手の立場に立って考えさせることが，指導のポイントです。いじめ側は必ず心のどこかに自己嫌悪感を抱いています（それを振り切るようにいじめをエスカレートさせるのです）。「いじめをする自分が嫌になるくらいなら，いじめをしない自分を好きになった方がいいよ」などと，子どもの心に向かって一生懸命語りかけます。

Attention!　いじめ指導の順序

いじめ側の子どもに指導する際には，漠然といじめ側に語りかけるのではなく，個別的にその子の名前を呼びながら語りかけるとよい。はじめはいじめの周辺にいる子から問いかけ，中心的な子へのはたらきかけは後にする。中心的な子が，仲間をかばおうとして何か言っても，「〜さんに聞いているのです」と一切取り合わないことが大切である。こうして希薄な気持ちでいじめに参加していた周辺の子を切り離してから，最後に中心的な子にはたらきかけることが指導のコツである。

19　いたずら・いじわる・いじめの境界

◇まとめ◇　このように考えよう

［いじめる側の理由］　小学生の場合，いじめのもとになる「ふざけ（過ぎ）」「いたずら」「いじわる」などの原因として，次のようなことが考えられます。

①全体的幼さ（知的発達障害を含む）

K男のようにまだ発達全体が幼く，自己コントロール力や状況判断力，コミュニケーション能力が未熟なため，結果として度が過ぎたり，相手に恐怖を与えたり，苦痛を与えてしまう場合。

②社会的能力の未熟さ

LD（学習障害）のように，全体的発達は問題がないが社会的能力がアンバランスに未熟な場合。これをすればどんな結果になってしまうかなどの社会的予測がつかない，などの場合。

③欲求不満

過剰なサブスクール（塾，けいこごと，スポーツ教室）通いによる精神的疲労，家庭不和，きょうだい偏愛などの理由によって欲求不満がたまり，そのはけ口として他児に向かう場合。受験のストレスからクラスの子をいじめていた男子に教師が注意したところ「じゃあ，俺は何して楽しめばいいんだよう！」という答えが返ってきたことがあった。

④権力保持

クラス内での権力を保持することがその子の学校生活の生き甲斐になっている場合。

⑤さびしさ，嫉妬，嫉み

応用例のB子へのいじめっ子のように，根にさびしさをもつ子どもたちが，（自分より裕福そうな，自己主張の少なそうな，あるいは親の干渉が少なそうな）誰かをターゲットにして憂さ晴らしをする場合。

［いじめの早期発見の方法］　はじめは単発的，偶然的，無計画的，無構造的だった「ふざけ」や「いたずら」「いじわる」が，集団いじめに向かって構造化してくるのを教師は早期に気づかなければなりません。その方法として次のようなことがあげられます。

①行動観察

休み時間や放課後など自由度の高い時間の子どもたちの行動をよく把握する。

②アンケート調査

「友だちからされていやだったこと」といった項目を含む調査を行う。先生は何か感じているんだ，といじめ行為を牽制する意味も持つ。

③文章完成法

一種のアンケート調査である。「国語のテスト」という感じで行うのもよい。「私は友だちから」「私がいやなのは」といった書きかけの文章を与え，後に続いて自由に記入させる。「私が好きなのは」といったいじめとは結びつかない文章も入れておくとよい。

④質問コーナー

ある一定時間だけ，勉強のわからないこと，"人生相談"……など，何でも話にきてよい時間を設定する。行こうか行くまいか葛藤している子にも注目。誰が行くか監視している子にも。

参考文献
菅野純『いじめ——子どもの心に近づく』丸善ブックス，1996

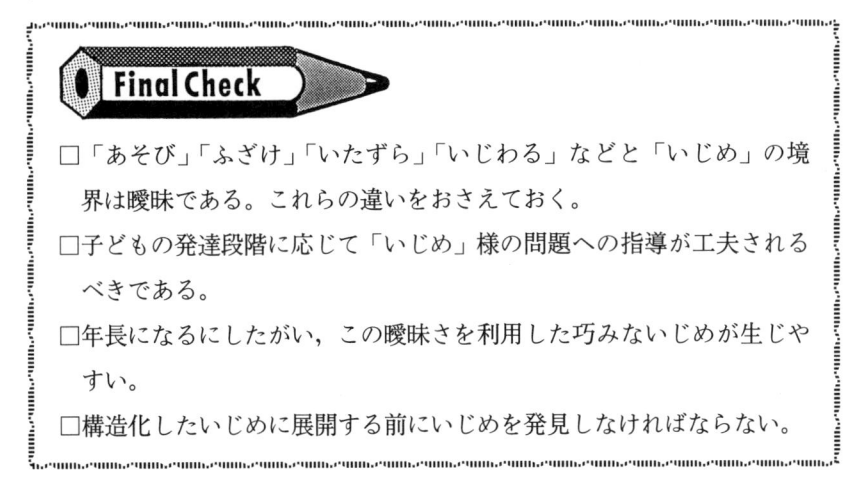

Final Check

- □「あそび」「ふざけ」「いたずら」「いじわる」などと「いじめ」の境界は曖昧である。これらの違いをおさえておく。
- □子どもの発達段階に応じて「いじめ」様の問題への指導が工夫されるべきである。
- □年長になるにしたがい，この曖昧さを利用した巧みないじめが生じやすい。
- □構造化したいじめに展開する前にいじめを発見しなければならない。

Ⅵ　いじめへの指導的介入

·20·
いじめを発見したとき

いじめへの初期対応をどうするかによって、いじめは終息したり悪化したりします。指導上の留意点を考えます。

　[**大切な初期対応**]　教師がいじめに気づいたとき、あるいはいじめの訴えを受けたとき、まずどう対応したかがその後のいじめ問題の行く末を決める、といっても過言ではありません。この初期対応の仕方によっては、クラス内のいじめ問題が、保護者をまきこんでこじれにこじれ、教育委員会や人権擁護委員会、警察、マスコミなどをまきこんだ大問題に発展することもあります。いや、何よりもいじめ問題が未解決のまま長期化し混迷化することに、当事者である子ども自身は大きな苦しみを味わうはずです。

　[**こじれてしまう場合**]　いじめを訴えた親に対して、即座に校長先生が「わが校の、子どもたちはみんな心のきれいないい子ばかりです。そうしたことは絶対ありません」と答えたために、親の学校不信感が高まり、解決（結局は"転校"という方法しかありませんでした）まで大変長引いたケースがありました。親の言い分は「調べもしないで、何を根拠にそう断定できるのか」というもっともなものでした。校長先生は「教育とは、子どもを信頼することである」と言います。「それはご両親としてはご心配でしょう。さっそく調べて、何とか〇〇さんの苦しみを取りのぞいてやりたいと思います」——こんなスタートだったらずいぶん違った展開になったのではないでしょうか。

　いじめ問題が表面化した後は、教師としての危機対応力や問題解決力が問われているのだと思います。

●問題●

いじめが表面化するきっかけはいくつかあります。
①いじめ被害にあっている子ども本人が訴えてくる。
②いじめ被害児の保護者が訴えてくる。
③他児がさまざまな形で知らせてくる（直接訴える，何となくいじめの事実をにおわす，うわさ話として知らせる，など）。
④教師自身がクラスの雰囲気や行動観察などから気づく。
このうち，②の保護者への初期対応については前章でとりあげています。ここでは，①子ども本人が訴えてきた場合について考えてみましょう。

> 小学5年生のT子が「クラスのみんなが自分のことをいじめる」と訴えてきました。担任としてはこれまでいじめがあったことをまったく知りませんでした。T子の言うことも何となくあやふやです。

TRY 　回答を書き込んでみよう

あなたなら，T子の"いじめ問題"にこれからどのように対応していきますか。できるだけ具体的に，初期対応方法を箇条書きに記してみてください。

20　いじめを発見したとき

○回答○

(1) T子の訴えを丁寧に聴く

うまく言葉で表現できない子に注意
①T子のように，率直にいじめのあったことを訴えることのできる子もいれば，救いは求めていてもうまく表現できない子もいる（どうでもいいことをおしゃべりして教師の反応を見てから，本題のいじめられていることを話し出す，本当は大変つらい状況なのにさり気ない表情で語る，など）。

言葉の重み
②また，子どもによっては教師に訴えるまでに多くの葛藤（「チクった」とさらにいじめられるのではないか？　など）をへてきている場合もある。

言葉の背後
③表面的なことにとらわれすぎずに，生じている事実の重みを考えてしっかり受けとめる。

(2) 事実を確かめながら聴く

具体的に聴く
①いつ，誰に，どうされたのか，をできるだけ具体的に把握する。

②いじめ行為に対してとったT子の対応，そのときの目撃者，他児のかかわり，などのいじめ状況や，その件について親にどのように相談し，親はどのように対応したか，友だちで相談相手はいるのか，などT子の周囲の人々の支援状況なども把握する。

聴くことによるホールド
③よく聴くことがT子の心をホールドすることになるのである。

④こうして教師に話すことでT子自身の曖昧な部分がクリアになっていく。

⑤このとき，T子の誤解や過敏さから事実以上に問題視しているのではないか，と感じられることがある。こうした場合に気持ちの行き違いが生じやすい。

"行き違い"が生じるとき
⑥大切なことは，いじめかいじめではないかを明らかにす

「いじめ」か否かが問題ではない	ることではない。本人が苦痛を感じているならそれを受けとめ，取りのぞくことが先決問題なのである。
	(3)**対策を話し合う**
作戦会議	①いじめについての情報をT子からだいたい得た段階で，二人だけの「作戦会議」を開く。わざわざ「作戦会議」という言葉を使うのは，孤立しているT子を少しでも安心させ，解決に向かって前向きに取り組ませるための演出である（"お守り"と言って，カードにメッセージを書いて渡したりするのもよい）。
いじめ対策の各段階	②対策 ・今は先生が見守るだけでよいか。 ・クラス全体にそれとなく指導する。 ・アンケート調査など，他にもいじめがないかも含めてクラス全体に積極策に出る。 ・いじめ側を呼んで，個別的に介入指導する。 ・保護者を交えて，積極的に指導する。 このような段階があり，T子に示し，一緒に考える。

Attention! 　　私のいじめ・いじめられ体験

　いじめ問題についての校内研修会でこんな試みを行ったことがある。「私のいじめ・いじめられ体験」と称して，全員が子ども時代のいじめにまつわる体験を手短に話すのである。意外な結果に，どよめきが起こることもある。エネルギッシュな男性教師が小学校低学年の頃は女の子にいじめられて泣いて帰る毎日だった，熱心な教育相談係の女性教師が中学校のときは若い男の先生をいじめて楽しんでいた，現在でも「いじめられている」と思っている校長先生が，子どもの頃もやはりいじめられっ子だった，等々。その後，何人かに，その体験はその後どのように変化して今日にいたったかを聞いてみると，いじめ体験の変容がよくわかるのである。

□応用□

　高学年になると，いじめらしきものを教師側で察しても，高度ないじめ隠しを行い，またいじめられる側もいじめの事実を認めないために，結果的に対応が大幅に遅れてしまうことがあります。教師自身がクラスの雰囲気や行動観察などから気づき，対応する方法について考えてみましょう。

(1) **いじめられのサイン**
　□成績が急に下がる。
　□おどおど，ぼんやり，険しい表情，無表情など快活さとはほど遠くなる。
　□給食を残しがちである。
　□クラブや班活動などへ消極的になる。
　□休み時間に教室外に出ようとしない。
　□休み時間に一人でいることが多い。
　□しょっちゅう職員室にやって来る。
　□表情がさえずふさぎ込む。
　□保健室によく行く。
　□爪嚙み，身体のかきむしりなど「神経性習癖」とよばれるものがひどくなる。
　□教師のそばを離れない。
　□教科書やノート，上履きなどがよくなくなる。
　□欠席，遅刻，早退が増える。

(2) **クラスの中のいじめのサイン**
　□ある子の名前だけがひやかしがちによくあがる。
　□ある子の名前の落書きが多い。
　□机の間を歩くとき，そばの子がわざと身体を避ける。
　□クラスの視線がある子にいつも集中する。
　□目くばせなどで表面下のやりとりが交わされる。

□掃除のとき，ある子だけが大変な役を担わされている。
□ある子のミスに方々からきつい言葉が飛んでくる。

(3) **サインに気づいたとき**

①当事者に関するその他の情報のチェック

| 情報の整理 | ・気になる現象を箇条書きにあげてみる。
・いじめられていると思われる子どもの，成績の変化，答案用紙，作文，絵画や作品などを改めて見てみる。
・同様に，いじめ側の子どもたちのものも調べる。 |
| 他児からの情報 | ・場合によっては，中立的立場の子どもからそれとなく情報を得る。 |

②いじめられていると思われる子どもとの個別的な面談

| 面談の仕方を配慮する | ・他児に気づかれないように声をかけ，他児の目に触れないように面談を工夫する。
・率直に「いじめられているのではないかと心配している」ことを伝えるのもよい（どこかで先生は見守ってくれたんだ，ということが心の支えになる）。 |
| いじめられていることを認めない子 | ・いじめられていることを認めたがらないときには，「いじめは絶対あってはならないと思っている。先生に何 |

Attention! いじめの傷

いじめ問題をとりあげた一般向けの連続教養講座でのこと。毎回一番前の席で熱心に聴講する老人（男性）がいた。お歳をうかがうと75歳とのこと。風呂敷包みからノートや参考書を出し，実によく筆記していたのを覚えている。いじめについて各々がどのような意見を持っているかを話し合う時間をもうけたときのことである。老人は自分の少年時代に受けたいじめについて激しく語り始めた。それは閉鎖的な地域での苛酷な集団いじめだった。その傷が未だ癒えずにいるのである。それまでの老人の恬淡としたたたずまいとは異なる，激しく，切々とした言葉の背後に，60年を過ぎても人の心に残っている傷の深さを私は強く感じたのである。

か伝えたいことがあったらいつでも話してね」と，こちらの姿勢だけでも伝えておく。

◇まとめ◇　このように考えよう

　いじめが表面化したときの初期対応についてＱ＆Ａ式にいくつか考えてみましょう。

　Ｑ：親から深夜いじめを訴える電話がかかってきたときどうしたらよいか？

　Ａ：たとえば，あなたの家庭に深夜，ある子の親からいじめを訴える電話がかかってきたとします。「今日はもう遅いですから，明日にしてください」と言いたいところですが，ちょっと間をおいてください。もしかして，その子の家庭では深夜までわが子のいじめについてああだこうだと悩んでいて，やっと担任の先生に相談してみようということになったのかもしれません。困り窮まったとき，人間は心のゆとりを失います。常識や分別が二の次になり，今はとにかく目の前の問題を何とかしようとするのです。はた目からみたら「非常識」でしょう。しかし，非常識な親だから子どもがこうなるのだ，ととらえるのは間違いです。人は誰でも心のゆとりを失うと非常識になるのです。「そのくらい，事は深刻なのだ」と理解し，その深刻さが少しでも軽減されるように，しっかり受けとめたいものです。

　Ｑ：電話の向こうで無理難題を言ってくるとき，どうしたらよいか？

　Ａ：親によってはわが子可愛さのあまり，「いじめっ子を隣のクラスに移して欲しい」「すぐ，いじめている△△を転校させろ」といった無理難題を言う親もいます。そんなときには，言葉の背後に親の困った気持ちがあると信じて，困った気持ちに焦点を当てて対応したいものです。

　失敗例「そんなこと，校長先生に聞かないとできるかどうかわかりません」

　失敗例「そんな無茶な，お父さんがそれだから○○さん，いじめられるんですよ」

　望ましい応答例「お父さんの気持ち，よくわかります。いま，○○さんにとってどうするのがよいか，少し電話で話し合いましょう」

　望ましい応答例「お父さん，待ってててください，今すぐ伺いますから，何と

か〇〇さんをいじめから守るために一緒に考えましょう」

Q：いじめ側がいじめられる子の非をあげつらい，いじめを正当化するとき，どうしたらよいか？

A：「その子がうそをついたからって，いじめてよい理由にはならない」と毅然とした態度で諭すことです。その子にどんな欠点や非があろうと，いじめという形で制裁することは許されないことを，こんなたとえで教えてもよいでしょう。「駐車違反の車を，違反しているからといって石でたたき壊したら，壊した人もつかまるんだよ」と。法治国家では非があるからといって勝手に処罰したらそれが罪になることを教えてやります。「それはリンチということだ」と。

教師側が「いじめられる子にも問題があるのだからいじめられても仕方がない」ととらえている限り，子どもたちはそうした教師の気持ちを敏感に感じ，教師からいじめの"お墨付き"をもらった気分になり，いじめはさらに正当化されていくことでしょう。

Final Check

☐ いじめが表面化したときの初期対応いかんによって，問題解決過程が異なっていく。
☐ 子どもがいじめを訴えてきたときには，即断せず，事情を丁寧に聴く。
☐ 丁寧に聴いていくことで，子どもは自分に起こっていることを整理し，見守られている気持ちになり，心が安定する。
☐ 初期対応はいくつかの段階に分けて行う。
☐ 高学年になり見えにくくなるいじめに対しては，いじめのサインを読み取ることが必要である。
☐ いじめられている子との面談には他児に気づかれないような配慮が必要である。
☐ 親への初期対応では困っている親の気持ちに焦点を当てて対応する。

Ⅵ　いじめへの指導的介入

・21・
強いこころを育てるために

困難に負けぬ自立的な子どもに育てるためには何を心がけたらよいでしょうか。強いこころの育成法を考えます。

　いじめによるダメージは子どもに少なからぬ影響を与えます。卑屈，従属，自信喪失，加害側への参加，孤立，無気力，不登校，人間不信，自殺……。そうしたいじめの犠牲者が生じないように，①いじめの生じにくい教育的風土づくり，②早期発見，③いじめ加害児への指導，④いじめ被害児への心理的サポート，⑤いじめ問題の事後処理などをおさえておきたいものです。私はそれに加えて，⑥困難に押しつぶされない強い自我の育成，をあげたいと思います。

　大学での授業の中で，私は「いじめられたにもかかわらず，私はなぜ自殺しなかったのか」という刺激的なタイトルのレポートを課すことがあります。前もって行う調査では，いじめ被害経験のみ，いじめ加害経験のみ，あるいは両方，あるいはいずれも皆無，とバラエティはあるのですが，かなり多くの学生が大学生になるまでにいじめ被害を経験しています。そうした彼らがなにゆえにここまで生き延びてきたのか。さまざまな回答が寄せられます。「死にいたるほどのいじめではなかった」「自殺まで考えたが『負けるが勝ち，負けるが勝ち』と心の中で呪文のように唱えていた」「別の子が標的になるまでずっと待った」「勉強で見返してやった」。生き延びるためにその子なりの知恵を尽くしていじめを克服しているのです。おそらくそれはいじめばかりでなく，子どもの人生の中で生じるさまざまな困難への向き合い方，乗り越え方でもあるでしょう。できるものなら，いじめに押しつぶされず，それらを跳ね返す知恵と強さを，子どもたちに身につけさせたいのです。

● 問題 ●

　ある学校を訪問したとき，6年生のクラス担任から「クラスにいじめがある」という相談を受けました。標的となっているのは男子のＹ男。クラスの4分の1くらいの子どもたちから「くさい」「きたない」と避けられ，孤立状態におちいっているとのことでした。子どもたちにはことあるごとに注意をしているが，教師の見えないところで微妙ないじめが続いているとのこと。当のＹ男はいじめの事実を自分から担任に訴えることはありません。周囲の女子が，いじめを受けているＹ男に同情し，担任に訴えていじめの事実が明らかになったのでした。
　授業参観しながらそれとなくＹ男を探すと，一番後ろの席に目立たぬように座っていました。何となく自信なさげで，暗い印象の子でした。学業もふるわず，親も放任状態とのこと。「せめて，嫌なことをされたり言われたりしたときには，やり返すくらいであって欲しい」――元気のよい女性の担任教師は，いじめられてもどんどん退いていくだけのＹ男をはがゆく思っている様子でした。

TRY　回答を書き込んでみよう

　あなたがＹ男のクラス担任なら，Ｙ男がいじめを跳ね返すような強さを身につけるために，どのようなはたらきかけをしますか。箇条書きに三つ以上あげてみてください。

1.

2.

3.

○回答○ 私なりの回答をあげてみましょう

(1) しっかり見守っていることをY男に伝える

「見守る」だけでなく、「見守っている」ことを伝える

　Y男はなぜ担任に救いを求めてこないのでしょうか。救いを求めたらよけいいじめがひどくなる，と思い込んでいるのかもしれません。これまで周囲の人から支えられた経験がなく，はじめからあきらめているのかもしれません。あるいは救いを求めたくとも，どのように自分の気持ちを訴えてよいかわからないのかもしれません。Y男を個別的に呼び出し，①いじめを受けていることは先生がよくわかっていること，②つらいことがあったら先生に話すこと，などを伝えておくとよいでしょう。「先生は自分の大変さをわかっている」とわかるだけでも，心のサポートになるはずです。

さらなるY男理解を

　また，面談のおり，いじめ以外の話題，たとえばY男の趣味，楽しみ，得意なこと，好きな友だちなどに話題をふくらませ，少しでもY男の心の世界を理解しておきます。

(2) Y男の能力を引き出し，自信をつけさせる

自信をつけさせる

　私の小学生時代にもいじめられやすい子がいました。ある日からその子を放課後残し，担任の先生が校庭で毎日ノックしていたことを思い出します。彼は勉強がいま一つでした。野球も決してうまいわけではありません。でも「好きだ」と答えたのでしょう。まわりの子も恐れるくらいのノックの雨です。誰も先生がその子をえこひいきしているなどと，思いませんでした。むしろ先生もいじめている，と思った子の方が多かったのではないでしょうか。

　すると，いつしか彼はいじめられなくなったのです。あの激しいノックに耐え，ボールに食らいついていく姿を誰もが見たからかもしれません。何よりも，彼はクラスの中で一番野球が上手になっていたのです。以前のような，おどおどし

た表情はもはやなく，堂々とした態度のたくましい子に変身していたからです。Y男の場合にも，まだ埋もれている力を引き出し，発揮させて，周囲の子にも認めさせ，自信を身につけさせたいものです。

(3) 仲間をつくる

孤立させない

Y男のいじめに加わっていない子を二人以上選んで，「いじめバイバイ作戦」の協力者になってもらいます。Y男も交えてその子たちと話し合い「Y男へのいじめがあったら報告する」「休み時間は誰かが交替でY男を見守る」「Y男と一緒に下校する」など，無理のない範囲の具体的な行動を決めます。子どもたちの「大人心」へはたらきかけるのです。

他児の大人心へはたらきかける

(4) いじめに対する具体的な対応を考える

いじめに耐える方法，いじめを跳ね返す方法をY男と検討します。まず，いくつかモデルを示してやるとよいでしょう（「応用」を参照）。実際には自分で実行できなくともよいのです。いざというときにはいろいろな方法でいじめに対処できる，と知るだけでも，無力感から脱皮できるのです。

いじめ対処法のモデルを示す

Attention! 困難を与えて，鍛える方法

子どもの心を強く鍛えるためには，できるだけ困難を与え，それを乗り越えさせればよい，とする考え方がある。たとえば忘れ物をしても見せてあげず，自分のとった行動に責任をとらせる。すると「なにくそ」と子どもは奮起するはずだ，と。しかし実際には，さまざまな反応が返ってくるはずである。ある子はもくろみ通り奮起するだろう。しかし子どもによっては，教師や友だちを恨んだり，傷ついたり，学校不信におちいったりしてしまう。つまり困難が成長の糧となるためには，子ども側にも教師側にもさまざまな条件が存在するのである。人間不信感の強い子どもや，幼く教師の意図を十分理解できない子どもには，逆効果も考えられよう。

□**応用**□ いじめに象徴されるような困難がふりかかってきたときに，子どもにはどのような克服方法があるでしょうか

■困難の克服法

(1)**危機状況の分析を行う**——ふりかかった困難をいろいろな角度からとらえ返し，分析する

"作戦会議"

相手は誰々で何人か，中心人物は誰か，どのようないじめ方をしてくるのか，自分以外にもいじめ被害を受けている子がいるのか，クラスの中のいじめに批判的な人は誰か，自分の何をターゲットにしているのか，時間が解決する問題か，こちらから積極策に出た方がよいか，いまの自分に何ができるか，など。いじめを受けている子どもと教師が作戦会議をするのもよい。

(2)**困難に対して何らかのはたらきかけをする**——受け身一方ではなく，困難状況に積極的に立ち向かうことで事態を好転させる

ときには積極策も

いじめの場合には，大声で「いじめはやめろ」と怒鳴り，相手や周囲にいじめをしていることを気づかせる，死にものぐるいで向かっていき「いじめ」から「ケンカ」にもちこむ（反撃すると恐い，という印象を与える），野次馬的にいじめに参加している相手をターゲットにいじめ行為を抗議し中心人物から切り離す，など。「やり返さない」ことによるいじめのエスカレートを抑制し，自分を守ることを子どもに教える。

何か積極的な行動に出るときには，教師に相談させ，十分なフォローのもとに行う。

耐え方の工夫

(3)**困難の耐え方を模索する**——いますぐ，現状を変えられないときには，ひたすら耐え方を工夫する

心の中で勝つ，自分で自分を励ます，困難を乗り越え立派

な人物になった人のことを思う，自分を見守る親の愛を感じる，心の癒しの世界を持つ（ペット，趣味，アニメ，格闘技物語など），「時間が味方だ」と受けとめ，持久戦を行っていると想定する，自分よりもっと困難な状況の子を思い浮かべる，祈る，など。あなたなりの耐え方を教えてやって欲しい。

いじめが学校生活のすべてにならないよう

(4) **困難状況以外の世界を広げる**——いじめ以外の学校生活や家庭生活をもっており，「いじめられ体験」を生活のほんの一部にしていく

　教室ではいじめがあっても放課後は別クラスの子と楽しく遊ぶ，家庭ではゆったり安心して過ごす，塾では自己発揮して生き生きと過ごす，など。

"応援団"の存在

(5) **独りぼっちにならない**——家族と先生は身近に存在する

　誰かに自分の気持ちを話せる，自分のおかれている状況が理解されている，信じられる友がいる……。こんな"応援団"の存在が，孤立状況から救い出し，心にゆとりをもたらしていく。

Attention! 　　見守る人——野口シカ

　私が子どもの頃，東北の少年たちにとって野口英世は男の子の成長モデルであった。子ども時代は，極貧の生活や手の障害から（火傷によって手が棒状になってしまったため）「テンボー」とよばれていじめられ，また大人になってからも正規の医学教育を受けていなかったために医学者として不当に扱われながらも，「なにくそ」と困難をはね返し自己実現を遂げた彼の人生。その背後に母シカの存在があったことはあまりにも有名である。彼女こそは，どんなときにも子を信じ，見守り続けたのである。その人の背後で心のエネルギーを送り続ける誰かがいてはじめて，「なにくそ」体験が強い自我形成につながっていくのである。

◇まとめ◇　このように考えよう

　［困難に負けない強い心とは］　覇気がない，ふがいない，弱い，と感じたとき，つい私たちは子どもに向かって「もっと強くなりなさい」云々と檄を飛ばしがちです。しかし「強くなれ」と言われて人は強くなれるのでしょうか。弱いから強くなれと言うのは間違っていません。正論です。しかし，正論で子どもは本当に強くなれるでしょうか。
　強い自我の持ち主には次のような特徴が見られます。
　①困難に出会ったとき，冷静に自分のおかれた状況を判断できる。
　②すぐ絶望におちいったり，あきらめたりせず，しぶとく困難打開の方法を模索する。
　③思い込みにとらわれることなく，柔軟に物事をとらえ，対処できる。
　④強さを誇示したりむき出しにしたりせずに，普段は物静かである。
　⑤いざというときに，決断できる。
　⑥情緒的に豊かであり，他者への思いやりや愛他的行動が見られる。
　つまり「強い心」とは，硬くこわばった強さではなく，知的応用力に満ち，毅然たる行動力と，豊かな情緒とをあわせもった，深くしなやかな強さをもった人格を指します。このような「強さ」を子どもはどのように獲得していくのでしょうか。
　［強い心を育てる］　子どもの心が強くあるために，小学生レベルでは次の四つの条件が子どもに備わることが不可欠だと私は考えています。
　①現実認識力：いま自分が出会っている困難は何か，本当の問題は何か，自分はその問題に取り組むためにどんな力をもっているか，友だちや先生，親からどれだけ力を借りることができるか，などを判断する力です。
　②自己信頼感：「どうせオレなんか」といったマイナスの自己イメージにとらわれていては困難に向かうことができません。強くあるためには自分を信じられることが大事です。「いじめになんか負ける自分ではない」と。こうした自己信頼は，自分はかけがえのない存在だと感じる愛情体験と，これまで困難

に負けずにやってきた人間だと感じる達成体験や成功体験によって作られます。

③他者信頼感：人を信じないかたくなな強さはもろいものです。時に応じて友だちの力を借りたり，先生の知恵を借りたり，親に救いを求めたりする，しなやかな強さこそ身につけさせたいものです。人間不信，他者不信では子どもは心を開いて柔軟な対応をすることができません。他人に対する信頼感があってはじめて他者の力も自分の一部として使うことができるのです。

④社会的行動力：心が弱い子は困難に出会うとひたすら回避することを考えがちです。回避しないで前向きに行動する力が社会的行動力です。自己表現する，問題解決する，状況を正しく判断する，人とつながる，思いやる，といった社会の行動力が年齢相応に身についていることが大事なのです。

参考文献
菅野純『いじめ――子どもの心に近づく』丸善ブックス，1996
菅野純「現代の子に向けた自我育成法」『楽しい学級経営』13巻2月号，明治図書，1998

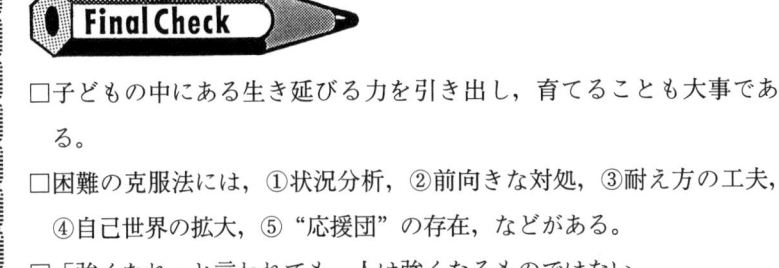

Final Check

□ 子どもの中にある生き延びる力を引き出し，育てることも大事である。
□ 困難の克服法には，①状況分析，②前向きな対処，③耐え方の工夫，④自己世界の拡大，⑤"応援団"の存在，などがある。
□「強くなれ」と言われても，人は強くなるものではない。
□ わざと困難を与えて苦しめても子どもの心は強くなるものでもない。
□ 強い心とは，知性，情緒，行動などが総合されたものである。
□ 強い心の育成には，現実認識力，自己信頼感，他者信頼感，社会的行動力の四つが必要条件である。

コラム6　■痛みと思いやり■

　進駐軍の基地があった東北の私の町には混血児がいた。混血児ゆえに子どもからばかりではなく，大人からもいじめられ，差別される光景をときたま見ることもあった。

　中学の私のクラスにも混血の少年がいた。入学式の後，初めて教室に入る。だぶだぶの学生服を着て，みんな緊張した面持ちで互いを眺め渡していた。その中に，色白で青い目をした太り気味のF君がいたのである。

　担任の教師はまだ来ない。そのうち一人のやんちゃそうな男の子がクラスの一人ひとりにあだ名をつけはじめた。それが絶妙にうまくて，緊張気味だったクラスが笑いの渦となった。「そいつは小野寺か，じゃオヤジだ」「お前はげらげら笑うから，ゲラ子だ」。彼は得意になってつけていく。

　しかしそのうちに私はF君のことが気にかかってきた。彼にどんなあだ名をつけるだろうか。それとなくF君を見ると，顔を赤らめ大きな身体を丸めてうつむいている。私以外にも彼のことを気にしている子がいることもわかった。

　あだ名がF君に近づくにつれて，何となく笑い声が減ってきたからである。先生が早くやって来ないかなー，そんなことを願ったりもした。

　ついにF君の番になったとき（私にはF君が全身を硬くこわばらせているように見えた），その男の子は「あいつは太っているから，デブだ」と言った。なあんだ，つまんないあだ名だなという拍子抜けした気持ちと，うまく外したなという安どの気持ちが私の中で入り交じった。クラスにもほっとした空気が流れた（ように思う）。

　以後もその中学校で，F君が混血児であることでいじめられる場面を私は見たことがなかった。

　あのときあだ名を見事に外した男の子は，やがて番長になった。体は小さかったが，腕力が強く，すばしこく，頭が切れた。たった一つ，番長にそぐわない行動があった。それは食べ終わった弁当箱を水飲み場でいつも洗っていることである。父親が酒乱で，母親が家を出ていってしまったとも聞いたことがある。弁当も自分で作っていたという。

　差別されることの本当の苦しみを，彼が一番知っていたのかもしれない。

VII 教師として，資質を高める

Ⅶ 教師として，資質を高める

・22・
こころにゆとりを生み出す方法

心のゆとりをいかに生み出すかは，教師ばかりでなく，
現代人すべてにとって重要なテーマではないでしょうか。

　「あなたはよい先生ですか，悪い先生ですか？」と問われたらどう答えますか。「よい先生です」と言い切ることも，「悪い先生」と開き直ることも，どこか自分とはズレた答えになってしまうのではないでしょうか。
　私の正直な答えはこうです。「うーん，よい先生のときもあるし，悪い先生のときもあるかな」。これは「よい親か，悪い親か」と聞かれた場合も同じです。
　それでは「よい先生」になるときと「悪い先生」になるときの決め手は何でしょうか。私の考えでは，「ゆとり」ではないかと思うのです。
　こころにゆとりのあるとき，私たちは相手の立場に立って物事を考えたり，相手に元気を与える言葉をかけたり，やさしい眼差しを向けたりすることができます。反対に，こころにゆとりがなくなると，自分のことだけを考えたり，相手の心を傷つける言葉を投げ放ったり，イライラした険しい表情になりがちではないでしょうか。ゆとりは自分の長所を引き出し，ゆとりのなさは自分の短所を引き出してしまう，とも言えます。
　「私の人生観はわりと単純で，善人と悪人というんじゃなくて，余裕のある人間と，余裕のない人間とがあるんだろう」という中井久夫先生（甲南大学教授）の言葉は私にこうしたことを教えてくれました。中井先生のその言葉に触れたとき，それまで私がカウンセリングの中で出会った多くの親たち，教師たち，そして自分自身について漠然と考えていたことがくっきりと言語化されたような衝撃を覚えたのです。

●問題●

いつも，こころにゆとりがある，という人はあまりいないでしょう。あるときには十分なゆとりがあっても，別のときにはまったくゆとりを失い，不本意な行動や態度をしてしまうことは，ごく普通に見られることです。ゆとりを取り戻すためにはまず，自分のこころにゆとりがないことに気づかなければなりません。

(1)あなたはこころにゆとりがないことを，自分のどのような行動や態度，気分で気づきますか。できるだけたくさんあげてみてください。

(2)こころにゆとりを生み出すために，あなたならどんな工夫をしますか。

TRY　回答を書き込んでみよう

(1)こころのゆとりのなさのサイン
-
-
-
-
-
-

(2)こころにゆとりを生み出す方法
-
-
-
-
-
-

○回答○

こころにゆとりがないときのチェックポイント（教師編）

私なりに回答案を考えてみました。

(1) **こころのゆとりのなさのサイン**
　□語気が強くなる
　□怒りっぽくなる
　□子どものマイナス面がよく目につく
　□小言を言いだしたら止まらなくなる
　□子どもたちの声や言葉がうるさいと思う
　□早く授業を終わりたいと思う
　□子どもについての面倒な話題は避けたい
　□同僚の言葉が気にさわる
　□頭で思うほど，仕事がスムースにさばけない
　□早く学校を出て家に帰りたいと思う
　□いつもより疲れを強く感じる
　□仕事のミスが増える
　□教育に情熱が持てなくなる
　□張り切っている同僚の声を聞いたり姿を見たりするとイライラする
　□自信がなくなる
　□他人の言葉に過敏になる
　□集中力がなくなる
　□気分の差が激しくなる
　□保護者や同僚，管理職とのトラブルが増える

こころを表現するとゆとりが生まれる

(2) **こころにゆとりを生み出す方法**
　①こころを表現する（こころにたまったものを吐き出し，こころの中を整理するとゆとりが生まれる）
　　・配偶者や家族，友人など身近な人に話す。
　　・ノートに書き出してみる。

非日常に身をおくとゆとりが生まれる		・絵，歌，踊り，ガーデニングなどで気持ちを表現する。
	②日常生活から少し離れる（いつもと違った空間や時間に自分をおいてみる）	
		・休暇をとり，小旅行，ドライブ，古寺巡りなど，普段できないことをする。
		・映画やビデオを見る。
認識の仕方でゆとりが生まれる	③もののとらえ方のレパートリーを増やす（これまでとは異なる視点や考え方を，研修などを通して習得していく）	
		・相手の気にさわる行動や言葉について「そうせざるをえない何かがあるんだ」と許容的にとらえる。
		・相手のよい面を積極的に探す。
		・いつかはわかってくれるだろう，一人でも二人でもわかってくれるだろうと，楽観的にとらえていく。
自分を大事にする	④自分にごほうびを与える（自分のこころをいたわる）	
		・欲しいと思っていたものを買う。
		・「自分もよくがんばっている」と自分をほめる。
体をいたわる	⑤ゆっくり身体を休める	

Attention! エンカウンター・グループによる心理的成長：その1

他者との出会いを通じて人間的成長をとげる試みとして，エンカウンター・グループがある。平山栄治はエンカウンター・グループ体験がもたらす心理的成長を，(1)自己の変化，(2)対人関係の変化，(3)人間観の変化の三つに分類している。

「自己の変化」としては，①今まで自分で拒絶したりして適切に意識化されなかった経験が意識化されて受容される，②柔軟な自己概念になる，③自分をさらに探索していこうとする，④自分の弱点・欠点などを否定したり強がったりせずにかかえられる，⑤自信が出てくる，⑥豊かに感じることができる，⑦自分が生きていることをしみじみ実感できる，⑧自発性が出てくる，⑨自分の可能性を実現しようとする，などがあげられる。

□応用□　事例："すごい母親"

園中のひんしゅくを買った親子

「すごい母親ですけど，びっくりしないでください」。幼稚園の学級担任からの電話は，そう言って切れました。多動な女の子がいる，その子に振り回されて授業が成り立たない，適切な専門機関にかかって診てもらうことを親に話してもいま一つ積極的ではない，しかしようやく先生（筆者）の所に行く気になったのでよろしく，との電話でした。加えてその子の母親についての情報を，担任の先生は教えてくれたのです。礼儀を知らない，常識がない，落ち着きがない……。

嵐のような子どもの行動

私もそのお母さんと子どもたちがはじめて来室したときのことをよく覚えています。砂場の砂はばらまかれ，おもちゃはすべて棚から床に投げ出され，またたく間にプレイルームの床は砂まみれのおもちゃで埋まってしまいました。二人の子どもが（一緒に連れられてきた弟の方も姉以上に多動でした）そのおもちゃを踏み付けながら走り回っている……。子どもたちは時々部屋の隅で面接している母親のもとにすごい勢いでやって来ると，バッグの中に手をつっこみ，中にあったポテトチップスを口に入れます。母親はそれをたしなめるどころか，母親自身も床に落ちたポテトチップスのかけらを拾ってもぐもぐしながら話す……こんな状態だったのです。

その"すごい母親"が数年後に見違えるほど変身するとは，当時の私にはまったく予測がつきませんでした。

異なった幼稚園と私のとらえ方

幼稚園の見解は「あの親だから子どもがああなのだ」というものでした。しかし私の見解は異なりました。姉の方は明らかに多動行動をともなった小児自閉症です。弟の方は，姉よりは少し意思疎通がよいものの，行動面では姉よりもはるかに多動的です。いまでいうとADHD（注意欠陥・多動性障害）だったのではないでしょうか。つまり，母親の態度やか

母親の態度は原因なのか，結果なのか

かわり以前に，子どもに育児がきわめて難しい発達障害がある，というのが私の考えでした。母親の一見非常識な態度は，子どもの問題行動の原因ではなく結果ではないか，と私は思いました。そのお母さんは二人の多動性障害のある子を抱え，精神的にもまったくゆとりのない状態だったのです。

こころのゆとりがまったくなかった母親

数年後，姉の方は，小学中学年になった頃，自閉症状に改善が見られ，通常学級の中でみんなと一緒に生活を送れるようになりました。弟の方は，障害児対象の特別クラスでしたがやはり以前に比べてずっと落ち着いてきました。

ゆとりを取り戻したら

お母さんのこころにゆとりが出てきたためでしょうか，子どもたちの成長とともにお母さんにも大きな変化が生じていきました。以前のがさがさしていた印象は陰を潜め，落ち着いたしっとりした感じになっていったのです。時々障害児を持つ若いお母さんから彼女の名前が出るようにもなりました。自分と同じような悩みを抱える若い親たちの相談相手になり，地域でも慕われる存在になっていったのです。

見違える変身

中井先生の言葉

前述した中井先生の言葉に出会ったときに，私は真っ先にこのお母さんのことを思い浮かべました。こころのゆとりを失っていたときには彼女の「よさ」はなかなか発揮されませんでした。しかし何よりも子どもの状態が改善したこと，そして悩みを言語化したり同じような悩みを抱いた親たちと支え合うことなどを通じて，お母さんのこころの中にゆとりが生まれ，これまで発揮されなかったプラス面が出てくるようになったのです。あるとき，お母さんはこんなことを話してくれました。「幼稚園の頃，園の先生から責められれば責められるほど追い詰められていき，投げやりになっていった。カウンセリングに来るようになって自分の大変さをわかってもらい，わが子の問題を一緒に考えてもらえたことでずいぶん元気がわいてきた。いまはその恩返しをしている」と。

あの頃を振り返って——母親の回想

22 こころにゆとりを生み出す方法

◇まとめ◇　困難なときにも，こころのゆとりを生み出す方法

　こころのゆとりは一種の循環構造を持っています。つまり，ゆとりのあるときにはゆとりを生み出しやすく，反対にゆとりのないときにはゆとりを生み出し難い，ということです。何か問題が生じて気持ちが不安定になったりしたときこそ「こころのゆとり」が必要なのですが，そうしたときにゆとりを生み出すのは難しいことなのです。そこでいくつかヒントを紹介します。このヒントは前述の中井久夫先生が「精神的健康の基準」としてあげたものを参考にしたものです。

　①現実対応の方法を複数持ち合わせる：少数の対処法を何にでも使おうとするとゆとりを失いがちになる。対処のレパートリーがたくさんあった方がよい。

　②現実処理能力を使い切らない：ゆとりを失っていく場合は孤立無援の状態で自分の持つすべての力を使い切ってしまうことが多い。まだ余力のあるうちに一時撤退したり，人に援助を求めたりする。

　③いい加減で手を打つ：意地にならない。いろんな角度から判断したり，相手の身になって考えたりしたりして，妥協することも大事である。

　④嫌なことや不快なことに耐える力を普段からトレーニングする：嫌なことをすすんでやることではない。嫌なこととうまく付き合うこと。嫌なことは後

Attention!　エンカウンター・グループによる心理的成長：その2

　「対人関係の変化」としては，①肯定的感情や否定的感情をきちんと表現できる，②他者の心の内面を理解しようとする，③配偶者や子どもと深いレベルでのコミュニケーションができる，④苦しみやつらさを分かち合い癒し合う，⑤人と親密な関係を持てる。「人間観の変化」としては，①人間および人間性への信頼，②人間は誰でも内面の深いところでは同じとする普遍性の認識，③人間の共感性への信頼，④人間への畏敬と希望を感じる，などがあげられる。エンカウンター・グループは「大人になってからの成長」を促す体験学習と言えるだろう。

回しにしたり，ある程度で切り上げたりできることも大事な能力である。

　⑤問題解決を引き延ばしておくことに耐える力を身につける：何でも努力しだいで解決できるわけではない。ときにはいま一つはっきりしないまま我慢しなければならないこともある。短絡的に問題解決を求めずに迂回できること，未解決のまま根気強くかかわることなども大事である。

　⑥問題を局地化できる：「今年の子どもたちは」「この学校の子どもたちは」などと，問題を一般化すると解決はどんどん遠のいていく。○○男は，△△子の場合はと，問題をできるだけ限定して考えると，無力感におちいることも少なくなる。

　⑦可逆的に退行できる：ときには子どもと一緒にはしゃいだり，本気でやりあったりできる方がよい。「退行という浴槽にゆっくりゆあみすることは精神健康上非常に必要なこと」「『出ずっぱり』では人間はもたない」……中井先生の言葉である。

参考文献
中井久夫「家族の臨床」「精神的健康の基準について」『精神医学の経験　個人とその家族』(中井久夫著作集第6巻)，岩崎学術出版社，1991

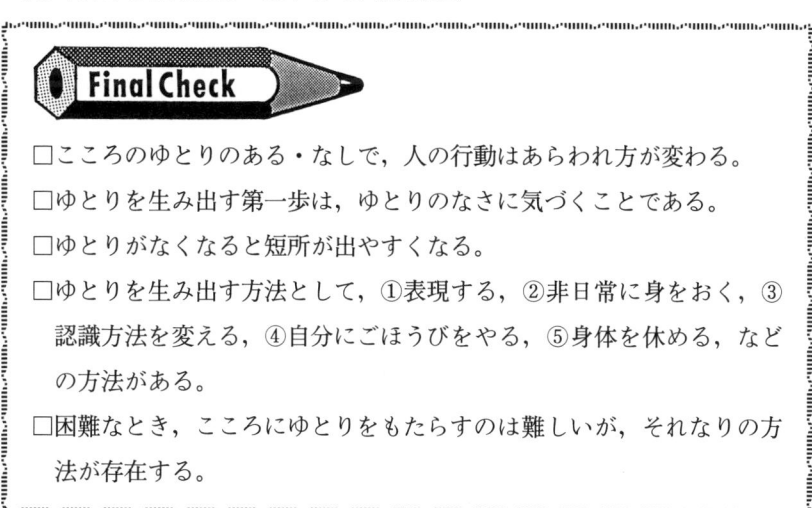

Final Check

□こころのゆとりのある・なしで，人の行動はあらわれ方が変わる。
□ゆとりを生み出す第一歩は，ゆとりのなさに気づくことである。
□ゆとりがなくなると短所が出やすくなる。
□ゆとりを生み出す方法として，①表現する，②非日常に身をおく，③認識方法を変える，④自分にごほうびをやる，⑤身体を休める，などの方法がある。
□困難なとき，こころにゆとりをもたらすのは難しいが，それなりの方法が存在する。

Ⅶ　教師として，資質を高める

・23・
よりよい同僚関係を求めて

> うまくいけば一生の友になれます。しかし非難したい，避けたい気持ちになることも。同僚関係は難しいものです。

　ある学校の校内研修会に招かれたときのことでした。会が始まるまでの間，校長室で待つことになりました。校長先生は精悍な風貌の方で，歯切れのよい話し方で最近の教師についての批判を語ります。その一つひとつは間違ってはいないのですが，話をうかがいながら私は気になることがありました。

　話が一段落したときに，気になったそのことを尋ねてみました。「先生，そうした問題を持つ先生に対しては，どのようにはたらきかけたらよいのでしょうか？」。すると校長先生は「うーん」となったままとたんに歯切れが悪くなったのです。「そこが，難しいんだよな～」と何度もつぶやくのです。その姿を見て，あらためて教師が教師にはたらきかけることの難しさを私は感じました。

　管理職からばかりではなく一般の先生方からも「困っている同僚」の話を聴くことがあります。これまで指導上かなり大変な子どもを担任したときにも，対応に難しい保護者に悩んだときにも，希望を捨てずに何とか乗り越えてきたはずのがんばり教師でも，こと"困った"同僚となると「どうしようもない」「仕方がない」とあきらめムードになってしまうことが多いのです。

　教師同士の同僚関係には，学校という組織の特殊性が反映されています。また，学校をめぐる今日の教育状況も影響を与えていることでしょう。極端な言い方をすれば，教師誰もが精神的に追い詰められ，うつ状態になりかねない状況です。こうしたなかで，どうすれば教師同士が互いに元気を与え合い，成長しあえるのでしょうか。

●問題●

以下に,対応に困る同僚教師の行いがあげてあります。見限ったり無視したりせずに何とかかかわるとしたら,あなたならどんなかかわりを心がけますか。

TRY　回答を書き込んでみよう

(1) 他人に手厳しく,相手が傷つくような言い方をする。
　　かかわるうえで心がけること

(2) 自分は困っていても仲間に心を開こうとせずに一人苦しんでいる。
　　かかわるうえで心がけること

(3) まだ若いのに一言ありで,周囲からのアドバイスに聞く耳を持たない。
　　かかわるうえで心がけること

(4) 人に協力しようとせず,共同でやるときにもみんなと足並みそろえようとしない。
　　かかわるうえで心がけること

(5) 高みに立って批評や批判はするが,自らはやろうとしない。
　　かかわるうえで心がけること

○回答○

私なりに回答案を考えてみました。

人に手厳しい場合 　(1)他人に手厳しく，相手が傷つくような言い方をする

他人に手厳しい人は，その人なりに成し遂げたり，自信のある分野を持っていることが多いものです。しかし，その厳しさゆえに周囲からは「敬して遠ざか」られていることも多く，孤立していることもあります。相手の言葉にまきこまれることなく，その人の持つすぐれた面を学ぼう吸収しようという気持ちでかかわっていくとよいのではないでしょうか。こちらから積極的に質問したりして教えを乞う態度でかかわると，気持ちが通じていくように思います。

心を開かない場合 　(2)自分は困っていても仲間に心を開こうとせずに一人苦しんでいる

「子どもを責めるべきではない」といった固定観念にとらわれていたり，プライドが高くて，困っている自分の気持ちをうまく表現できない場合が多いようです。かかわりの第一は，その人なりに大事にしている信条やプライドを尊重することです。信条やプライドが苦しみの原因でもありますが，一方ではその人の心を辛うじて支えてもいるからです。もし子どもの指導上の問題で悩んでいれば，同情やねぎらいなどの言葉をあまり入れずに「先生からご覧になってどのような子どもですか」と淡々とかかわった方がよいでしょう。「先生だからこそここまでやってこれたと思います」とさりげなくサポートすることも必要です。

聞く耳を持たない場合 　(3)まだ若いのに一言ありで，周囲からのアドバイスに聞く耳を持たない

対応は二つ考えられます。一つはとにかく言うべきことは言っておく方法です。いまはわからなくともいつかはわかる

だろうと，将来に投げかける方法です。もう一つは失敗覚悟で本人の考えるようにやらせてみることです。他人からのアドバイスをイメージで膨らませて自分の中に取り入れる能力のすぐれた人と，イメージを膨らますことができず，実際にやってみなければわからない具体的思考タイプの人がいます。後者の場合には体験的に学ぶことを応援するつもりでかかわっていくことです。

足並みをそろえようとしない場合

(4)**人に協力しようとせず，共同でやるときにもみんなと足並みそろえようとしない**

「人に合わせる」ことが極端に苦手な人がいます。人から指示されたり命令されたりすると，とたんにやる気がなくなる。そのかわり自分勝手にやることは子どものように夢中になってやる……。どこの学校にもこうした少年ぽい人がいませんか。もともと共同作業に向いていないというか，みんなと一緒だとその人のよさが出てこないのです。ものは考えようです。無理やり合わないことをさせるか，本人独自の仕事や活動を積極的に認めていくか。つまり，本人も不本意な気持ちで参加し，足をひっぱったりして周囲を苛立たせ，互いがエネルギーをすり減らすか，それとも一種の「棲み分け」を行い，その人独自の活動を評価していくかを，大局的に判断することが必要です。

批評・批判ばかりの場合

(5)**高みに立って批評や批判はするが，自らはやろうとしない**

「そんなに言うなら，自分でやってみたら」と言い返せば，ただのケンカになるだけではないでしょうか。「やろうとしない」部分に注目するよりも，「批評や批判ができる」部分に注目したいと思います。その人の批評力や批判力に光を当てるのです。みんながその人の存在を認めれば，参加感を持つようになります。「ここまではどうですか，先生から見て」とコメントを求めたりしながら活躍してもらうのです。

□応用□ 事例：休職まで追い込まれたA先生

小学6年のクラスが学級崩壊状態になり、担任の先生が休職してしまった事例をもとに、同僚関係について考えてみましょう。

荒れた学級を担任して

A先生は教職歴23年の女性教諭。真面目できめ細かな指導で、これまでは保護者からの信望も厚かった先生です。しかし、今年から受け持った6年生は大変なクラスでした。教師の話を静かに聞こうとしないばかりか、平気で授業中に立ち歩きます。その他、遅刻、忘れ物、掃除のさぼり……。どこから手をつけてよいかわからないほど問題が山積していたのです。A先生のクラスの前担任は体調を崩し、定年前に退職してしまいました。6年はもう一クラスあり、そちらは5年から持ち上がりの男性教諭で何とか学級経営が成り立つ状態です。

弱音を吐かない教師

「自分が何とかしよう」と意欲的に乗り込んだA先生でしたが、最近何となくくたびれた様子なのを、同僚たちは感じていました。しかしA先生は決してクラスの子どものことをグチりません。同僚たちが「大変ね」と声をかけても「あの程度はまだ可愛い方よ」と余裕のある返事が返ってきます。管理職がそれとなく様子をうかがっても、闊達な笑いが返ってくるだけです。A先生はある研究サークルに入っており、そこの指導者からいろいろアドバイスを受けているようでした。

限度を越えたとき

しかし2学期になると、クラスの荒れは保護者の担任不信、学校不信の声となって寄せられるようになりました。たまたま弟の担任に寄せられた苦情をA先生に伝えたところ、A先生は不機嫌に「関係ありません」と答えたことから、弟の担任教諭と言い合いになりました。また、校長先生が職員会議でこの出来事をとりあげ、「A先生も大変な状態にいる

ので……」と述べたことにＡ先生はひどく傷つき，校長あてに長い抗議文を送っています。結局それ以後，Ａ先生は体調を崩し休職してしまいました。

こんなサポートがあったなら

【事例から学ぶ同僚関係——同僚教師としてどんなサポートがありえたか】

①学級崩壊を一学級の問題とせずに，学校全体の問題として考えていく

前担任の指導の経過などの丁寧な検討が必要です。

②Ａ先生が担任になる以前に，このクラスを担任以外の教師集団がどうサポートしていくかを話し合っておく

「誰が担任になっても大変」という認識の下に，学校のサポート体制を整えてから担任を決めるべきです。

③Ａ先生には問題を一人で抱えこまずに，いつもオープンにしていくよう求める

④Ａ先生とともに同学年の同僚や管理職がＡ先生が信頼している助言者を訪れ，一緒にアドバイスを受ける

Ａ先生が孤立感を抱かずに少しでも心にゆとりをもって指導できるよう，Ａ先生の意向に添ってサポートします。

⑤Ａ先生のプライドを傷つけないよう心を配る

回答(2)を参照してください。

Attention! 　　救いを求める能力

事例のＡ先生のように，キャリアを積めば積むほど「ベテラン」とよばれ，むしろ人の相談相手になり，自分が困っていることを出せなくなってしまうものである。そうした先生が相談にみえたとき，私は「困ったときに救いを求めるのは立派な能力ですよ」と言うことにしている。すると「能力」という言葉が功を奏するのか，案外スムースに相談が展開するようになるのである。キャリアを積んだ人が自分の困っていることを人に話したり相談したりする姿は，人の心をほっとさせる。

◇まとめ◇　よりよい同僚関係をつくるために

［学校という組織の特殊性］　昔からよく指摘されていることですが，学校という組織は職業組織としてはかなりユニークな構造を持っています。私はかつて14年間，市役所の職員として教育相談員をしていました。市の職員は職階制が整然と確立しています。私が所属していた教育委員会ではまず「係」があり，「主任」「係長」「課長」「部長」「教育長」「市長」という縦のつながりが厳然としていました。大学を出てから12～13年は「係」でいることが多く，この期間に職員はゆったりと職業人としての訓練を受けます。この時期は判断業務は行うことができず，仕事はほとんどが命令されたものを行います。「係」が「課長」や「部長」と直接仕事のことで口をきくことはありませんでした。そのかわり仕事に対する責任系統も確立しているため，教員のように直接苦情を向けられたり，責任をとらされたりすることもありません。教育相談員だった私だけが例外で相談室の年長者だった私はまだ「係」の立場で議会資料を作ったり，教育事件について部長や教育長に直接意見を述べたりすることがありました。当時は自分が背伸びしているようで，同年齢の他部署の係員が羨ましく思えることもありました。

　こう述べてくると，教員は実に若いうちから重責をになっていることに気づきます。組織も縦に構造化されておらず，自由度が高い分だけ，個人にかかる責任も重く大変です。一方で職業人として研修を受けたり，負担の少ない業務から徐々に慣れていくというプロセスがなく，新任として赴任したとたんに一人前の仕事を求められるわけです。学校の構造を今後どのようにしていくかについてはさておき，自己判断し自由度の高い職業である反面，いったん仕事につまずくとその責任が個人に降りかかり，厳しい局面に立たされることもあることを自覚しておくことが必要です。そのための対応をみんなで常に考えたいものです。

　［元気を与え合う同僚関係］　同僚関係がスムースにいくための方法をいくつか考えてみましょう。

①共通の目標を持つ

　共同研究でもよい，運動会や学芸会の出し物などでもよい，みんなで目標を立てて実現していく楽しい課題（くれぐれも重苦しくならないよう）を持つ。

②ともにかかわり合う場面を数多く持つ

　とくに小学校は学級王国と言われがち。みんなで共同作業して楽しむ行事を意識的に作っていく。「お花見」「うどん作り」「バーベキュー」「ソフトボール」「ボーリング大会」「お汁粉」……私の教育センター勤務時代にはこうした年中行事がたくさんあり，市職，都職，アルバイト，掃除派遣会社などさまざまな立場のスタッフがよく交じり合いました。

③互いに元気を与え合う

　あなたの学校の職員室では互いに元気を与える言葉がどれだけ飛び交っていますか。お互いを元気づける言葉を流行させたいものです。

④互いに寛容になる

　学校教育をとりまく状況が厳しいと，自然に人の心もゆとりを失いがちになります。他者を攻撃したくなったときは，自分の心が危機におちいっているサインと受けとめたいものです。こういう時代だからこそ，人に対して寛容でありたいものです。

Final Check

□教師同士が互いにはたらきかけることは難しい。それぞれの立場，キャリア，プライドなどが邪魔するからである。

□短所に目を向けるより長所に目を向けることで，同僚関係がスムースに運ぶことがある。

□学校組織の構造上，個々の教師にかかる精神的負担は重い。とくに問題を抱え込みすぎると孤立し，精神的に追い込まれることもある。

□教職員同士が元気を与え合う方法を常に工夫すべきである。

Ⅶ 教師として，資質を高める

・24・
教師がわが子と向き合うとき

教師としての自分と親としての自分とに心が引き裂かれることはありませんか。「先生の子ども」の気持ちは？

　私の教え子で，教師の子どもの心をテーマに，卒業研究を行った女子学生がいました。『小学教師である母親をもつ子どもの心理について』——彼女の論文のタイトルです。彼女自身も両親が教師の家庭に育ちました。自分と同じような子ども時代を送った若者にインタビューによる調査を行っています。
　「母親が地域の人の目を気にしていると感じたことはありましたか？」
　「母親と外出しているときに，母親を『センセイ』と呼ぶ人に会ったことはありましたか？　そのときどう感じましたか？」
　「母親の教え子の父母から自宅への電話や訪問の経験はありますか？」
　「担任している子どもの話を母親から聞いたことがありますか？」
　「母親が学校の仕事を家に持ち帰ってやっていたことがありますか？」
　「学年末の一番忙しい時期などに，母親の自分に対するかかわり方が変わることがありましたか？」
　「母親の『センセイ』を見たいと思いますか？」
　「母親の『セイト』になってみたいと思ったことはありますか？」
　「将来，教師になりたいと思ったことはありますか？」
　彼女が行ったインタビューの項目の一部です。彼女が教師の子どもとして長い間抱いてきた思いが込められていると思いませんか。
　彼女の母親もおそらくさまざまな葛藤を抱えながら子育てをしてきたのだと思います。ここでは親としての教師が，わが子との関係上どのような問題におちいりやすいかを考えてみたいと思います。

●問題●

「先生の子どもだから勉強ができて当たり前」「先生の子どもなのにあんな問題を起こした」……まだこんな見方が残っています。親が教師であるがゆえに、子どもはさまざまな苦労を抱えているのではないでしょうか。

TRY 回答を書き込んでみよう

- 教師の子どもは精神的にどのような重荷を背負っているでしょうか。

- あなたは教師の子どもであるわが子に対して、どのようなことを心がけたいと思っていますか。

24 教師がわが子と向き合うとき

○回答○

不当な評価

■「教師の子ども」であるがゆえの重荷

①「先生の子ども」なので，できて当たり前，いい子で当たり前，と周囲からみなされる

いくら努力しても，親から勉強を教えてもらえるし，問題さえ教えてもらっているかもしれないと，不当に評価される。子どもたちばかりか，周囲の大人からもそう思われやすい。

「いい子」というプレッシャー

また，先生の子どもだからいい子でなければならないというプレッシャーは，教師である親自身も感じることが多い。他人の子どもにいい子であることを求め，わが子はそうでないと自己不一致（言っていることとやっていることが一致しない状態）を招くからである。

子どもによっては，親の苦労を察し，また先生の子どもである自分の立場を察し，自分の気持ちや願いを棚上げにして，過剰に「いい子」になってしまい，後に息切れを起こしてしまう場合もある。

愛情飢餓

②親はよその子に愛情とエネルギーを注ぎ，自分たちが甘えたりかまってもらえたりすることができない

教師という仕事は愛情と精神的エネルギー（もちろん肉体的エネルギーも）を売る仕事である。家に帰ってきたときに心がもうくたくたという状態が少なくない。子どもにとってみれば，自分よりよその子の方を大事にしているように見えてしまうかもしれない。よその子に自分の親をとられてしまったような気持ちになる子もいるかもしれない。

とくに，クラスに指導困難な子どもをたくさん抱えた場合や，研究委員長，学年主任，教務主任といった，多忙で責任のある役割についたときに，わが子が一種の愛情飢餓状態に

おちいる危険性がある。

　また，子どもの側も，いじめられている，成績が思うように上がらない，友だち関係で悩んでいる，受験が迫っているなど，親の精神的支えを強く必要とする時期がある。そうした親と子の事情が不運にも重なりあったとき，さまざまな問題に発展することがある。

気持ちの切り替えの難しい仕事

　③家に帰ってきても心は学校
　学校と家と気持ちの切り替えが難しいときがある。
　家庭でくつろぎたいときも，父母からの電話があったり訪問があったりして，家庭にまで学校を引きずってしまうことがある。

「教師」の役割から抜け出られない

　家での話題もクラスの子どもの話題だったりして，子どもからみるとお母さん・お父さんではなく，先生の顔でいることが多い。ときには勉強のできるクラスの教え子と比較されたり，問題のある子どもの例を引きながら説教されたりと，なまじ子どもの現実を知っているだけに，子どもにとっては逃れようがない。

　親（しかしそのときは教師）から理詰めで問い詰められ，問題児のような気持ちになってしまう子どももいるだろう。

Attention! 　　「正しさ」の飛び交う家庭

「あなたは間違っている」「おかしい」といった言葉が家の中で飛び交っていないだろうか。「意欲を持て」「前向きになれ」「努力しろ」「強くなれ」と正論をわが子に言いすぎていないだろうか。「正しいこと」や「正論」ははたして相手に元気を与えるだろうか。「よしやるぞ」という気持ちにさせるだろうか。状況によっては「正しいこと」より優先させなければならないものもあるのではないか。慰める，いたわる，許す，認める……。『正しさ』の飛び交う家庭は健康度が落ちてくる」。ある精神医学者はこんなふうに語っている。あなたの家庭はいかがだろうか。

□**応用**□　問題(2)への回答「親として心がけたいこと」

わが子の日常を振り返る
　①ときどき立ち止まってわが子に目を向ける
　わが子がどんな表情で毎日を暮らしているか、ちょっと立ち止まって考えてみてください。笑顔が見られますか。元気な声で学校のことなどをよくしゃべりますか。友だち付き合いはどうですか。
　校務で忙しいときなど、何日も顔を見ていないといったことも生じます。わが子の世話をしてくれている人々(お祖母ちゃん、保母さん、学童保育所のスタッフなど)とのコミュニケーションも大事にしたいものです。

愛情配分
　②愛情配分を自覚的に行う
　あなたの限られた愛情をどうバランスよく配分するかに自覚的になることです。クラスの子どもたち、仕事の同僚、配偶者、わが子、父母、きょうだい……など、あなたの現実にそって、自分なりに理想とする配分を考え、愛情を何らかの具体的行動であらわすことが大切です。

気持ちの切り替え
　③家庭では極力「お父さん・お母さん」になる
　家にいてまで先生をやっていませんか。教師と児童とのかかわり方は、ある特殊な人間関係であり、他にもさまざまな人間関係があるはずです。家に帰ってまでわが子に「ハイ、手を洗って……」といったかかわりになってしまうのは職業病です。
　家ではだらしないお父さん、そそっかしいお母さんでいいのです。気持ちを切り替えることに自覚的でありたいものです。

周囲の"声"にとらわれない
　④周囲の"声"や評価から自由になる
　わが子のことを周囲がどのように評価しているか気になるものですが、開き直りも大切です。とくに「先生の子どもな

のに云々」といった言葉にはまきこまれないようにすべきです。なんだかんだ言っても，その人たちがわが子を育ててくれるわけではないのですから。「他人にはわからないわが子のよさがあるんだ」と，徹底してわが子の味方になるべきです。親馬鹿でいいのです。

わが子の話にじっくり耳を傾ける
⑤クラスの子どもの話題をひかえることも
　クラスの子どもの話題よりは，わが子の話をじっくり聞いてやりたいものです。わが子にとって，クラスの子どもたちはライバルなのです。お父さんやお母さんが夢中になって話すクラスの子どもに，嫉妬すら抱くのではないでしょうか。

正論の怖さ
⑥正論にとらわれない
　Attention! でも触れていますが，正論でわが子を責めたり，説教したりすることは，できるだけひかえたいものです。「頭ではわかっても行動に移せないこと」が人間にはたくさんあるのです。正論よりも少しでも心が元気になる投げかけをしたいものです。

仲間の大切さ
⑦家庭の問題やわが子の問題について気軽に話せる仲間を持つ

Attention! 教師の家庭の男の子・女の子

世間の目はどちらかというと男の子に甘く，女の子には厳しいのかもしれない。同じ教師の子どもでも，男の子であれば少々問題があっても「男の子だから」と大目に見られる。しかし女の子の場合は，教師の子どもでありながら成績が悪い，落ち着きがない，問題行動が多いとなると，厳しい評価が向けられてしまう。そうしたプレッシャーにもめげず，親の意をくみ取り，先生の期待にも応える「いい子」で育つ例も少なくない。しかし思春期に入ってからの息切れによる不登校，心身症，非行への傾斜などの事例を考えると，一見問題の少ない女の子ほど注意が必要であると思われる。「我慢のしすぎ」こそが教師の親を持つ女の子の特徴だからである。

◇まとめ◇

　教師とわが子との関係について、研究や論及されたものは意外とありません。教師や保育士、カウンセラー、医者、看護職、介護職員といった日常的に人の心に援助的にかかわる仕事の場合、自分の家族、とくにわが子を育てることと仕事の間にさまざまな葛藤が生じるはずなのですが、正面からとりあげることがこれまであまりなかったようです。建て前だけが先行し、きれいごとのみが語られてきたのかもしれません。

　しかし、ある時期から私は学校の先生方からわが子の問題についての相談を数多く受けるようになりました。と同時に、上述した職業の親を持つ子どもたちのさまざまな心理的問題に、カウンセラーとして取り組む機会も増えてきました。不登校、家庭内暴力、無気力、反抗、非行、食行動異常、自殺未遂……といった彼らの問題が、さまざまな形で教師という親の職業や親のあり方とかかわっていることを強く感じました。

　カウンセラー（兼、現在は教師）である私の場合も例外ではありません。私も愛情配分上問題のある親だったのです。ケースがうまくいかないときなど、食事中にふと考え込むこともあったそうです。わが子のことよりもケースの子どものことの方が頭の大部分を占めていました。気がついたときには、私とわが子や妻との間に大きな溝ができていました。

　教育やカウンセリングといった仕事に熱心であればあるほど、不可避に生じてしまうわが子・家族との問題……。このことをどのように解決したらよいのだろうか。そう私は強く感じるようになったのです。

　決して簡単な問題だとは思いません。親のそうしたあり方にさびしさを感じながらも、仕事熱心な親を誇りに思い、あれほど否定していた教師という職業にいつしか自分もつくようになった、という場合もあるでしょう。

　また、親が教師ということは、単にマイナス面ばかりあるのではありません。プラス面もあることでしょう。

　わが子の成長を客観的に焦らずに見守ることができた、小さなことに一喜一憂せずに長い目で考えることができた、発達する子どもの力を信じることがで

きた，等々。

　またわが子のことでつまずいた体験が，その後の教師としてのあり方にプラスの影響を与え，子どもや保護者の気持ちを深く理解する洞察力や，共感力が増した例も少なくないでしょう。

　このテーマをとりあげたのは，親が教師であるということで共通な子育て上の問題があるのではないかと考えたからです。親が教師であるということから生じやすい問題を正面から見据え，どんなことに留意すれば問題解決できるか，を考えたかったのです。

　冒頭に述べた女子学生は，調査研究を通じて自分だけが体験し傷ついた問題ではなかったことに気がつきます。同時に，自分とは異なる体験をしたり，異なる目で教師である母親を見ていた若者にも出会います。心の中にわだかまりとしてあった「教師の子ども」としての体験を，彼女なりに整理していくことができたようです。

Final Check

☐ 教師の子どもは教師の子どもであるがゆえの重荷を背負う。その重荷のために，不登校，家庭内暴力などさまざまな精神的問題におちいることがある。

☐ 教室で児童理解を行うように，立ち止まってわが子にも十分目を向けることが大切である。

☐ 愛情配分に注意し，教師という役割から自由になること，正論の飛び交う窮屈な家庭にしないよう留意すべきである。

補講　子どもの社会的能力を育てるには

- 人の迷惑がわからない
- 待つことや我慢することが苦手である
- すぐ欲求不満になりやすい
- 自分の気持ちをはっきり表現できない
- これをすればどうなるかなどの判断力に欠ける
- みんなで相談する，協力する，協調するなど集団行動を円滑にするためのスキルがない
- 集団をまとめていくリーダーが育たない
- 自分の力で問題解決していくことができない
- 思いやりに欠ける

　子どもたちの日頃の行動の中に，こんな社会性の未熟さを感じることはありませんか。

1　社会性──いまとむかし

　むかしの教育書や児童心理学の本には，子どもの社会性獲得についての記述はあまり見られませんでした。社会性は子どもが社会で生きていくうちにいつしか自然に獲得するものととらえられていたからです。いまでも「子ども集団の中に参加させれば自ずと社会性は身につく」と信じている教師がいます。しかし子ども集団の中に入ればいつしか社会性が身についたのは，子ども集団の中にリーダーがいて，サブリーダーがいて，"教育係"のような子どもがいて，"おせっかい"な子どもがいて……と，集団内の子どもたちがそれなりに社会

的役割を果たしていたからなのです。

　いまの子どもたちの集団はむかしとはずいぶん「質」が異なります。集団内はほぼ等質で，リーダーもサブリーダーもいま一つ曖昧です。いざとなれば，責任のなすり合いが生じてしまうこともあります。そうしたことを考慮せずにただ集団の中に入れるだけだと，いじめられて集団からはじき出される……結果にすらなりかねません。

　また，むかしはわざわざ「我慢」を教えなくとも，我慢せざるをえない状況が少なくなかったので，いつしか「我慢」が身につきました。しかし戦後わが国では「我慢しなくともすむ」文化を一生懸命作ってきました。電化製品に象徴されるあらゆる"便利な"道具類，自動販売機，コンビニエンスストア……子どもは苦労しなくとも，我慢しなくとも，たいして待たなくとも，欲しいものを手に入れることができるようになったのです。

　そのほかにも，経済的，物質的豊かさ，価値観の多様化，家庭教育におけるしつけやたしなめの欠如，知育偏重の教育，地域の教育力の喪失など，現代の子どもたちの社会性の未熟さの原因は実に数多くあげられます。

2　問題意識が希薄になった現代

　このように子どもの社会性がどんどん未熟化し，社会性獲得のための機会も減っているにもかかわらず，現代の親たちには社会性の未熟さについての問題意識が希薄であることが多いように思われます。

　親自らが，もはや未熟な社会性の持ち主である，ということも一因かもしれません。入学式・保護者会・授業参観などでのおしゃべり，教師への礼儀の欠如，社会的場面でのたしなめの欠如など，とうてい子どもの成長モデルとはなりがたい親の言動に驚くことはありませんか。

　また現代の家族は核家族が多く，大家族が持つ社会的要素が希薄になりました。三世代の家族が同居したり，家族のほかにオジやオバのいる大家族は，家族といえども社会的側面を多く有していたのです。結果的に現代の家族は，他人に気兼ねなく暮らせるという自由さを獲得した反面，他人の存在に気配りしたり自分以外の存在を思いやったりするという社会的側面を経験する機会が少

なくなりました。

　同時に，経済的豊かさはしつけの希薄化を招きました。柳田國男は，しつけとは「まだ小さいうちに他人の飯を食わなければならないわが子が，『こんなこともできないのか』『こんなこともわからないのか』と言われて，つらく，悲しい思いをせぬように」と，わが子の将来を思って身につけさせることで「親の愛情」そのものだった，と述べています。しかし現代では小さい頃から「他人の飯を食う」子どもはきわめて少なくなり，むしろ反対にいつまでたっても「親元」で暮らす青年が増えてきました。それゆえ，むかしのようなしつけの切実さというものがなくなってきたことは事実です。

　したがってわが子の知的能力の獲得には関心も高く，金銭的にも多くを投資する親でも，わが子の社会的能力の獲得には，とくにいじめられでもしない場合にはそれほど関心も強くないでしょう。多くの子どもは気兼ねない空間で，誰にも邪魔されない自分一人の部屋で，ゲームやＴＶ，漫画などで，一人の文化を満喫するのです。

3　現代の子どもに社会性を身につけさせるには

　いま，子どもの社会性の未熟さをもっとも強く感じているのは，学校の教師ではないでしょうか。なぜなら学校は子どもに対して，容易に自由にはならない社会的場面を提供するほとんど唯一の機関だからです（塾やスポーツ団体の場合には「嫌ならやめる」「他を選ぶ」という自由度があります）。

　地域や家庭での教育力が希薄化した現代では，学校は子どもたちに社会性を教育する唯一の場とも言えるのです。教師はそれぞれの子どもが社会性の何にすぐれ，何に劣るのかを把握することが可能です。同時に社会的場面で社会性を訓練することも可能です。

　学校において社会性教育を行うためのポイントをいくつかあげてみましょう。

(1)「こんなことまで学校で」という考えは捨てる

　いざ社会性を指導しようとすると，必ずといってよいほど，これは家庭のし

つけの問題だ，ここまで学校教育でやる必要があるだろうか，という疑問がわいてくる。しかし，かといって目の前の問題行動を放っておくわけにはいかないという葛藤も生じる。どのように考えたらよいだろうか。

確かに家庭教育の範囲ではあるし，家庭への啓蒙も必要だが，前述したように必ずしも子どもたちの家庭のすべてに社会性教育の態勢がそろっているわけではない。「これは家庭の問題」と言って何もしなければ事態は変わらないのである。まず子どもたちの社会性の問題に気づいた人が指導にあたる——ここから始まるほかないのである，と。

(2)親の社会性の育成も指導の一つに入れる

前述の通り，親だからといって社会性が十分かというと必ずしもそうではない。親に社会性の大切さを説くと同時に，親自らの社会性獲得を援助することも大事である。授業参観などの際に，私語などせず，しっかりわが子や同級生の様子を把握するよう，親向けの掲示物があってもよいのである。また30代には30代なりの社会性があり，50代には50代なりの社会性がある。年齢にふさわしい社会性を身につけることは親にとっても教師にとっても共通の課題であることを伝えていくとよい。

(3)子どもと親に「学校と家の違い」を啓蒙する

できれば，各学期に一回，少なくとも年に一回，「家と学校は違う」こと，「家で許されても，学校では許されない行動がたくさんある」ことを，子どもばかりではなく親たちにも伝えたい。子どもや親自身に「家」と「学校」の違いをたくさんあげてもらってから問いかけてもよい。

(4)子どもが二者関係を「卒業」しているか否かをおさえる

人間関係の芯ともなる一対一の安定した人間関係を「二者関係」というが，これをまだ"卒業"していないと，教師との間に二者関係を強く求め，容易に三人関係や集団関係に進めないことがよくある。こうした生育歴上の問題をよく把握し社会性以前に，成長の課題が残っていないかをそれぞれの子どもについて検討する。

(5)心のエネルギーがしっかり満たされているか否かをおさえる

愛情飢餓状態だったり，元気ややる気の源となる「心のエネルギー（安心，

楽しい，認められる）」が枯渇していると，子どもはやはり社会性どころではなくなる。ひたすら自分の飢餓感やエネルギー不足を満たそうとして，社会性を身につけることは二の次になってしまうのである。このことに気づかず，社会性の問題だけを躍起になって教えようとしても，子どもにとっては苦痛なだけで，うまく教えが入らない。心のエネルギーを補充しながら社会性を教えていくべきである。

(6)「社会的場面」が過剰かどうかをおさえる

　子どもは同時にたくさんの社会的場面をこなせない。しかし現代の親はそうしたことに気づかずに，学校以外に，補習塾，進学塾，サッカーチーム，野球チームなどのスポーツクラブやピアノ，バレーといった習いごとを複数かけもちさせたりする。しかしそれぞれの場面に人間関係があり，競争関係があり，いじめがあり，評価があり，ストレスやプレッシャーがある。こうした社会的場面を過剰に持つことは，子ども自身が自由に学ぶ楽しさを奪い，休息や不登校などによって社会性以前の問題の充足に精一杯となってしまう。子どもたちの生活調査などで，そうしたサブスクールの参加状態を調べる。過剰な子はどこかを「はけ口」としているか，全体を「うす味」にして何とかしのいでいるはずである。

(7)社会性をできるだけ具体的行動レベルでとらえる

　「社会性」という言葉はやや漠然としており，いざ子どもに指導するとなると何をどのように身につけさせればよいのか曖昧になりがちである。そこでできるだけ具体的に指導するために指導すべき「社会的行動」を明らかにし，その「社会的行動」を可能にする能力を「社会的能力」とする。このようにこれまでとは少し異なるネーミングで考えていくことで，既成の考えにとらわれずに新しい発想が浮かびやすくなるのではないだろうか。私は小学生や中学生に必要な社会的能力として，①自己表現力，②自己コントロール力，③状況判断力，④問題解決力，⑤親和的能力，⑥思いやり力，の六つをあげたいと思う。

(8)それぞれの社会的能力の育成方法を模索する

　①自己表現力：言葉，ノンバーバル（非言語的）な表現，書く，描く，ふるまう，パフォーマンス，など，多様な表現方法を身につけさせたい。よく「ノ

ー」と言うことの大事さが言われるが、「ノー」と言うたびに他者の心を傷つけるのも問題である。人の心を傷つけないような「ノー」の言い方を教えていく。

②自己コントロール力：その子がどのような自己イメージをもっているかに大きく関連する。心の中に否定的な自分しかおらず「どうせ、僕なんて」と自己卑下的であれば、我慢する、がんばる、耐える、待つ、コツコツやる、といった自己コントロール力は育たないだろう。肯定的なプラスの自己イメージが育っていることが必要条件である。「いまはあまりよい点数が取れないけど、こうしてコツコツやっていけばきっと成績は上がるはずだ」と、自分の歩みを信頼できることが大切なのである。

指導する際には「我慢が足りないな！」「なぜ、待てないんだ！」などと怒鳴って指導するより、「よく我慢できたね」「じっと待てた、えらいぞ」などと、ほめ言葉とセットの方が子どもの心によく入る。

③状況判断力：「みんなで殴っていたら、死んでしまった」——こんな事件が後を絶たない。子どもの間で"ノリのよさ"は評価されるが、水をさすような意見を述べたりすることは忌避される。冷静な判断力、責任ある行動など、子どもの心の中に「大人心」を育てていくことが大切である。

④問題解決力：大人が常に問題解決の肩代わりをしていては自己解決力は育たない。問題が生じたときの「問いかけ方」が大事である。まず生じた問題を正確にとらえて、そのときはできなくとも「理想的解決法」を知っているか、とりあえず生じてしまった問題へはどう対処しようと考えているかなどを、教師側が冷静に子どもに問いかけることが必要である。また「回避」以外の問題解決法を、たくさん持つよう指導すべきである。問題解決のためのアイデアがたくさん出てくるような子どもに教育したい。

⑤親和的能力：「人と親しく交わる力」である。とくに意識しなくとも身についている子どもも大勢いるが、どうしたら友だちを作ることができるかを真剣に悩んでいる子もいる。私はこんなアドバイスをしている。

・親しくなりたい友だちの名前を入れて、挨拶する。
・ごめんねとありがとうを気軽に言えるように練習する。

・友だちのことを感心したり，ほめたりする練習をする。

　親和的な関係をつくる言葉を，英会話を学ぶようにロールプレイなどを使って練習するのである。

　⑥思いやり力：思いやられて育った子どもは自然に思いやる子どもになるだろう。思いやり力がつくためには，まず自分が思いやられる「よさ」をたくさん体験する必要がある。教師からみて，この子はあまり思いやられた経験がないな，と感じられたら，せめて私だけはこの子に思いやりの心を持ってかかわろうとして欲しい。

(9)**わが校，わがクラスの子どもには重点的にどの社会的能力を育てるべきか検討する**

　こうした社会的能力のすべてを学校で何とかするのはとうてい無理な話である。ターゲットを限定する必要がある。いま，わが校，わがクラスの子どもにはどのような社会的能力が足りないのか，目標を絞り，保護者と協力して行っていく。

＊　　＊　　＊

　社会的能力の育成をテーマに開発されたものとして「ソーシャルスキル・トレーニング」「ストレス・マネジメント教育」「ピア・サポート」「グループ・エンカウンター」などの方法があります。これらは互いに重なり合う面もありますが，学校教育の中にうまく位置づけていくことで，社会性の具体的指導へのヒントを得ることができるでしょう。

参考文献
滝　充編著『ピア・サポートではじめる学校づくり――小学校編』金子書房，2001
竹中晃二編著『子どものためのストレス・マネジメント教育』北大路書房，1997
國分康孝監修，岡田弘編集『エンカウンターで学級が変わる――小学校編』図書文化，1996

あとがきにかえて

「あんた，教育相談員なんてわけのわからぬ仕事辞めて小学校の教員になりなさいよ。あんただったら，いい教員になれる」。

トイレでたまたまお隣になった元小学校校長のA先生から不意にこう言われたのは，大学院に通いながら週4日勤務の非常勤相談員をへたあと，常勤の教育相談員になって5，6年たった頃のことだった。校長時代は豪快さと慧眼で知られたA先生のその言葉には，いつか私に言ってやろうという思いがこもっていた（A先生は，その言葉を私に投げかけた1年後，急逝されてしまった）。

そのとき，私は何と答えてよいかわからず，何か曖昧な返事をしたように思うが，自分の心を見透かされたような気持ちがしたのを覚えている。それまで，私は何度か，教育相談員を辞めて小学校か中学校の教員になろうと思ったことがあったからである。

心理学についてのわずかな知識と，自分勝手に行っていた養護施設や障害児学級での子どもたちとのかかわりを元手に22歳のとき，私は教育相談員としてスタートした。教職経験もなければ，教員免許状も持っていなかった。大学で学んだ知識はすぐ底をつき，押し寄せるケースに応えるためには，次から次へと知識を補充しなければならなかった。

自閉症の子どもが来れば自閉症について，不登校の子どもが来れば不登校について，心理学事典をはじめ乏しいながらも手に入る限りの文献を調べ，ノートを作った。当時，障害児のための養護施設や不登校児のための教育機関が他になかったことと，その地域の急激な人口増のせいもあって，少ないスタッフでは担いきれない量の相談ケースが押し寄せていた。私は，何とかそれらをこなそうと朝夕の勤務時間を延長し，ケースをとれるだけとって朝から晩まで相談漬けの日々だった。当時80ケースくらいを一人で担当していた。そうしているうちに少しずつ私の中に，子どもや親の問題についての診断や相談技術が蓄積されていくのを感じるようになった。しかしいくら教育相談室での経験を積

み重ねても，得られないものがあった。

　それは，学校の教師にしかわからない「教師としての学校体験」とでもいうべきものである。考えてみれば私には一児童，生徒，学生としての学校体験や親としての学校体験はあっても教師としてのそれはなかったのである。能力も生育歴も性格も異なった子どもたちを同時に指導するとき，どのような手応えと難しさがあるのだろうか？　学校がいくらはたらきかけても応えようとしない親や，子どもの問題どころではない日々を送っている親たちへはたらきかけるにはどうしたらよいだろうか？　価値観や教育理念，主義主張などの異なる同僚と共通理解を深めるには？　職員室で教師たちはどのように過ごし，職員会議はどんな雰囲気で行われるのか？……一斉指導の困難な障害児や校内暴力，不登校といった学校教育の枠組みを揺さぶられるケースを通して教師たちとかかわればかかわるほど，教師たちの難しさや大変さを自分は本当にわかり得るのだろうか，という疑問がつのっていった。自分にできないことは助言すべきではなく，自分にできるものなら何としても伝えたい，そう思えば思うほど，教育相談室という抽象的な場（と当時思えてしょうがなかった）にいることが耐えがたかった。そんな折のA先生の言葉だったのである。

　しかし，結果的に私はカウンセラーに踏みとどまった。なぜだろうか？　一つ確かにいえることは，その後私は実に多くの先生方から「教師としての学校体験」を教えていただいたということである。そのかかわりの中から，私は「教師でない立場からの学校体験」の意味を少しずつ感じていったのである。

　本書は，いまは亡きA先生への近況報告となるかもしれない。

　おくれがちな原稿をいつも根気強く静かに待ち続けてくださり，本書を完成に導いてくださった金子書房『児童心理』編集部の亀井千是氏に，心より感謝します。

　　　2001年1月

　　　　　　　　　　　　　　　　　　　　　　　　　　　菅野　純

〈初出一覧〉

本書は,『児童心理』(金子書房発行)1998年4月号〜2000年3月号にわたる連載に加筆し,下記の文章を加え,構成した。

補 講——書き下ろし

コラム——『日本経済新聞』連載「いじめと闘う」より転載。
　　　　　1—1997年11月19日,　2—1997年11月26日,　3—1997年10月1日
　　　　　4—1997年10月29日,　5—1997年7月9日,　6—1997年8月6日

あとがきにかえて——『月刊進路ジャーナル』(実務教育出版発行)1995年
　　　　　9月号「ひとつの近況報告」に加筆。

著者紹介

菅野　純（かんの・じゅん）
1950年，宮城県仙台市生まれ。早稲田大学，同大学院卒業。発達心理学・臨床心理学専攻。東京都八王子市教育センター教育相談員を経て，早稲田大学人間科学学術院教授。現在，早稲田大学名誉教授。不登校，いじめ，非行など，様々な子どもへのカウンセリングに加え，学級崩壊をはじめとする学校のコンサルテーションに取り組む。主な著書は，『子どもの見える行動・見えない行動』（瀝々社），『教師のためのカウンセリングゼミナール』（実務教育出版），『子どものこころを育てる「ひとこと」探し』（ほんの森出版），『不登校　予防と支援Q＆A70』（明治図書出版），『教師のためのカウンセリング実践講座』（金子書房）など。

教師のための　カウンセリングワークブック

2001年2月28日　初版第1刷発行	〔検印省略〕
2017年8月1日　初版第10刷発行	

著　者　菅野　　純
発行者　金子　紀子
発行所　株式会社　金子書房
〒112-0012　東京都文京区大塚3-3-7
TEL03(3941)0111／FAX03(3941)0163
ホームページ　http://www.kanekoshobo.co.jp
振替　00180-9-103376
印刷・製本　凸版印刷株式会社

ISBN978-4-7608-2294-2　C3037　　　© Jun Kanno, 2001　Printed in Japan